HOW TO
START YOUR OWN BUSINESS

“万物的运转”百科丛书

精品书目

DK企业运营百科

DK人体科学百科

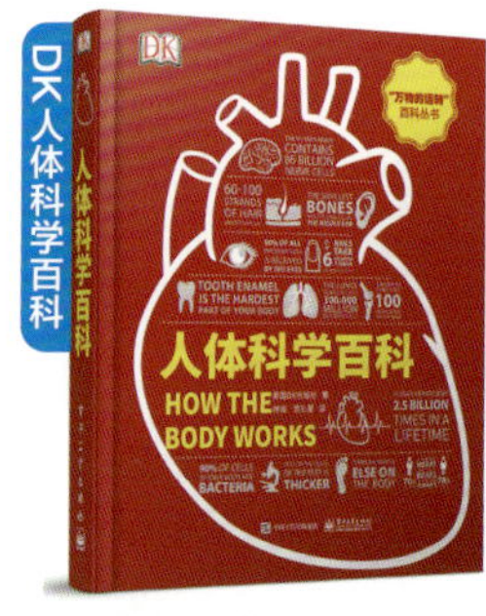

DK人类食物百科

DK科学知识百科

DK心理生活百科

DK货币金融百科

DK哲学思想百科

DK大脑探索百科

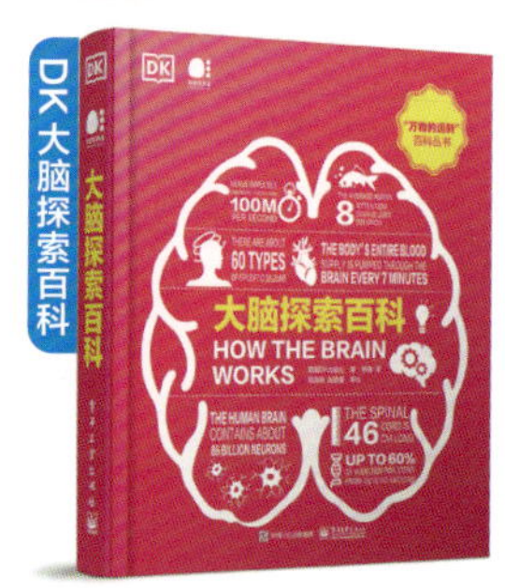

DK科学技术百科

DK企业管理百科

DK创业经营百科

DK宇宙发现百科

DK艺术设计百科

更多精品图书陆续出版，

敬请期待！

"万物的运转"百科丛书

DK创业经营百科

HOW TO START YOUR OWN BUSINESS

英国DK出版社 著

王 晋 译

電子工業出版社

Publishing House of Electronics Industry

北京 • BEIJING

版权贸易合同登记号　图字：01-2021-6073

图书在版编目（CIP）数据

DK创业经营百科 / 英国DK出版社著；王晋译. —北京：电子工业出版社，2022.4
（"万物的运转"百科丛书）
书名原文：How to Start Your Own Business
ISBN 978-7-121-42822-7

Ⅰ. ①D…　Ⅱ. ①英…　②王…　Ⅲ. ①企业管理－通俗读物　Ⅳ. ①F272-49

中国版本图书馆CIP数据核字（2022）第021932号

审图号：GS（2022）741号
本书插图系原文插附地图。

责任编辑：郭景瑶
文字编辑：刘　晓　　特约编辑：白俊红
印　　刷：鸿博昊天科技有限公司
装　　订：鸿博昊天科技有限公司
出版发行：电子工业出版社
　　　　　北京市海淀区万寿路173信箱　邮编：100036
开　　本：850×1168　1/16　印张：13.75　字数：440千字
版　　次：2022年4月第1版
印　　次：2024年3月第2次印刷
定　　价：128.00元

凡所购买电子工业出版社图书有缺损问题，请向购买书店调换。若书店售缺，请与本社发行部联系，联系及邮购电话：（010）88254888，88258888。

质量投诉请发邮件至zlts@phei.com.cn，盗版侵权举报请发邮件至dbqq@phei.com.cn。

本书咨询联系方式：（010）88254210，influence@phei.com.cn，微信号：yingxianglibook。

www.dk.com

前言 9

1 创业之前

迈出关键的一步 12
我可以吗？时机对吗 14
提出想法 16
提供产品或服务 18
寻找市场空白 20
脱颖而出 22
确定目标 24
选择结构 26
家族企业 28
特许经营 30
其他组织类型 32
选择模式 34
制定战略 36
了解市场 38
找准客户 40
评估需求 42
设立大本营 44
选址 46
采购物资 48
外包 50
找到平衡 52
与家人和朋友一起工作 54

2 创业之初

起名 58
发展品牌 60
讲故事 62
营销组合 64
销售过程 66
线上销售 68
提供服务 70
支付方式 72
履行订单 74
初始成本 76
需要花多少钱 78
需要赚多少钱 80
筹集资金 82
谁会投资 84
如何用演讲打动投资人 86
结算账目 88
了解营业税 90
开立企业账户 92
保护企业 94
保护知识产权 96
安全生产 98
环保意识 100
坚持道德准则 102
撰写商业计划 104
制订行动计划 106
了解消费者权益 108

3 企业启动

打造工作场所 112
规划网站 114
设计并建设网站 116
吸引流量 118
保护数据 120
寻找人才 122
招聘 124
是否需要聘请管理者 126
多元化和包容性 128
采用客户数据系统 130
准备开业 132
口口相传 134
制造话题 136
打广告 138
充分利用社交媒体 140
建立人脉 142

4 企业运营

提高客户忠诚度 146
建立客户关系 148
与其他企业合作 150
营销等于销售吗 152
分析企业绩效 154
保持动力 156
管理财务 158
管理预算和现金流 160
塑造企业文化 162
管理企业 164
管理团队 166
留住人才 168
带领销售团队 170
营造健康的工作场所 172
管理并解决冲突 174
管理员工绩效 176
简化业务流程 178
管理供应链 180
提升业务 182
做好应对危机的准备 184
利用科技 186

5
企业发展

助力成长 190
推动扩张 192
成长战略 194
为企业成长融资 196
吸引新客户 198
留住客户 200
改弦更张 202
管理变革 204
许可 206
卖掉企业 208
继续前行 210

原著索引 212
致谢 220

本书主要贡献者简介

谢里尔·里克曼（Cheryl Rickman）：编辑顾问，《星期日泰晤士报》畅销书作家，撰写了19本商业类和励志类图书。她还取得了积极心理学施测师证书。2005年，她出版了处女作《小企业创业指南》。此后，她便开始了创业之旅，并多次将所创建的企业成功出售。现在，她专门从事写作，帮助他人获得成功。

菲莉帕·安德森（Philippa Anderson）：拥有商科学位，身为作家和传播顾问，曾为3M企业、英美资源集团和可口可乐等跨国企业提供咨询服务。菲莉帕写过多本商业类图书，同时她也是DK出版社《商业百科》《企业运营百科》《管理科学百科》的撰稿人。

亚历山大·布莱克（Alexandra Black）：主攻商务沟通专业，毕业后前往东京，为日经新闻集团和摩根大通集团撰写文章。她在文化和经济史领域著述颇丰，并参与编写了多本关于理财、医学、管理、建筑和设计的书。

皮帕·伯恩（Pippa Bourne）：伯恩绩效企业的总监，这家企业旨在帮助组织和个人获得成功。她还是克兰菲尔德大学的访问学者，为大学的企业绩效中心提供支持。她拥有MBA学位，并且是一名商业教练，拥有多年管理经验。

前言

创业在最初都只是一个梦想，而本书的目的就是帮助你实现这一梦想。

目前，创业的人数逐年增多。随着技术的进步，我们对信息、人才、材料和产品的触达便利性都达到了史无前例的高度，再也没有比现在更适合创业的时机了。当然，竞争也从未如此激烈过。

自己当老板既有挑战，又有收获。在开始创业之前，你应该尽可能地武装自己，多去了解创业过程中可能会遇到的问题和将要面临的选择。本书相当于一本随身宝典，可以帮助你打造成功的企业。

本书的第1章介绍创业之前你需要了解的所有信息，包括提出商业构想，寻找空白市场，选择组织架构、模式和策略等；第2章讲述创业需要采取的步骤，包括如何选名字，如何发展品牌，以及如何在线销售、收取付款和完成订单；第3章讲的是企业启动时你需要做哪些事，包括规划和建设网站，寻找和招募员工，以及建立人脉；第4章涵盖了企业经营所需要的知识，包括如何提高客户忠诚度，如何建立战略联盟，如何分析业绩和财务增长，如何管理供应链，以及如何留住人才、关爱员工；第5章的重点是如何助力企业成长，如何管理变革，如何留住客户，如何成为产品许可人，以及如何适时转手企业、继续前行。

1 创业之前

迈出关键的一步

如果你正在考虑创业，那么最好先在空闲时间完善一下自己的想法，然后权衡利弊，想清楚自己想要做出这一决定的动机。

自己当老板，还是为别人打工？

千万不要低估经营企业的艰辛。老板绝不只是一个角色，还要承担各种各样的责任，比如，开发产品、提供服务、负责一切行政事务，甚至还要出去推广自己的理念。尽管向老板汇报工作的日子一去不复返，但你的工作时间可能会更长，尤其在企业刚起步的时候。

身为老板，你肩膀上有着更多的担子，并且需要为未来投入更多的精力。自己经营企业，要承担更多的风险和压力，但成功的可能性往往比你为别人打工要大。自己当老板意味着你拥有更多的控制权和灵活性。

明确创业动机。也许你想在家做自己喜欢做的事；也许你想要对社会做出积极的贡献；也许你希望雇用员工，拓展业务，建立家族企业并传给子孙；也许你想赚到足

权衡利弊

一定要记住，为别人打工有很多好处，而自己当老板则要面对诸多的压力和财务风险。在做出决定之前，务必仔细权衡利弊得失。

为别人打工

利

- 领取周薪或月薪，收入稳定。
- 拥有带薪病假和其他带薪假期。
- 与同事一起为了共同的事业而努力，有归属感。
- 企业会为你的发展和培训投资。
- 有机会积累经验，培养新技能。

弊

- 收入有限，具体取决于企业的薪酬政策。
- 你付出的努力是在帮助别人实现梦想，而不是在帮助自己实现梦想。
- 办公室政治可能会令人头疼。
- 必须前往企业选定的办公场所工作，耗费时间和金钱。
- 工作时间和条件缺乏灵活性，可能会产生问题。

够多的钱就卖掉企业，去做别的事情；也许你想积累财富，买上自己梦想中的房子或者周游世界；也许你只是希望换个挣钱的方式，不再为别人打工。

副业

你也可以不立即放弃目前的工作，而选择在业余时间创业，这种方式称为“副业”。你可以在检验创业是否可行的同时享受为别人打工带来的好处。这是一个折中的方案，也是一个跳板，可以让你在完善创业想法的过程中降低个人和财务风险。

> “我知道我不会因失败而后悔，但我也知道如果没有尝试过，那么我肯定会后悔。”
>
> 亚马逊创始人、首席执行官
>
> 杰夫·贝索斯（Jeff Bezos）

自己当老板

利

- 收入可能会不断提高，不受雇主的限制。
- 拥有更大的控制权，更加独立和灵活，避免工作与个人或家庭的事情发生冲突。
- 能够选择工作时间，并按自己的节奏工作。
- 可能会更满意自己的工作——你的一切努力都是为了实现自己的目标。
- 有机会追求自己的梦想。

弊

- 财务风险更大，稳定性低。
- 独立工作，人际互动变少，有孤独感。
- 要对错误和失败负责，当然能否成功也取决于你自己。
- 长时间工作，可能会影响家庭或社交生活。
- 生病或度假时没有收入。
- 下班时间到了也不能将工作完全抛于脑后。

我可以吗？时机对吗

在考虑自己创业时，最好先进行一下自我评估。花点时间衡量自己的优、缺点，思考一下自己是否做好了当老板的准备。

我可以吗？

创业是一件令人兴奋的事，也是一个走向成功的机会，但从一开始你就要实事求是，这一点十分重要。在做任何决定之前，都要先问自己一些关键性问题。首先，你的创意是否切合实际？你有动力和精力将其付诸实践吗？其次，你具备相关的技能吗？如果不具备，那么你能否学会这些技能？如果这些问题的答案都是否定的，那么并不是说你永远不能创业，只是目前还不行。

自我评估

自己当老板需要具备各种技能，很多是从一开始就需要具备的。想一想你有哪些对创业有利的可迁移技能，还有哪些可以培养的技能。请朋友和家人列出你的优点，他们的观点很可能是你自己没有想到的。同样，你也要审视自己，寻找自己的薄弱环节，思考一下如何解决它们。

创业需要长期的投入，因此要选择自己感兴趣的领域，这一点也很重要。你要相信自己的兴趣足以支撑整个创业阶段。

你的优点

想一想你有哪些有利于创业的优点，比如：

- 管理、制定预算、谈判，以及与客户打交道等专业技能。
- 计算、语言和艺术等学术能力。
- 活力、决心、好奇心和创造力等个人特征。

“成就一番伟业的唯一途径就是热爱自己的事业。”

苹果公司联合创始人史蒂夫·乔布斯（Steve Jobs），2005年

你的缺点

找出你的哪些方面可能会阻碍创业，比如：

- 缺乏建立IT系统、招聘员工和管理账户的经验。
- 在使用社交媒体和软件等方面缺乏知识。
- 缺乏自信、没有条理、冲动等个人特征。
- 需要照顾孩子或住在偏远地区等个人情况。

你的兴趣

想一想你对什么感兴趣，如何将自己的兴趣与创业融合在一起。

- 你在业余时间喜欢做什么？
- 除家人外，你还喜欢和什么样的人在一起？
- 你是否因为兴趣和爱好获得了特殊的技能和知识？
- 你热衷于哪些问题？

时机对吗？

对商界而言，时机至关重要，在合适的时间推出合适的产品可以使你踏上成功之路。因此，要花些时间研究潜在市场，了解竞争对手的动向，并寻求专业建议。当然，这个时机也必须适合你本人，问问自己是否已准备就绪。

创业离不开时间和金钱，创业过程还伴随着压力和风险，你需要为此做好准备。如果你没有百分百的把握，那么看看有没有什么方法可以放慢脚步，评估需求。如果你还是在职员工，那么可以考虑在业余时间创业，将其当作副业，之后随着企业的发展逐渐减少全职工作时间。

须知

- 硬技能是正式获得的能力指标，如证书或学位。
- 软技能是自然发展的个人能力，如创造性思维和解决问题的能力。
- 可迁移技能是指可以轻松地从一个角色迁移到另一个角色的能力和专业技能，如时间管理、沟通和领导力。

提出想法

任何企业都始于一个想法，可能是解决一个问题，也可能是改善现有的产品或服务。提出想法是令人激动的第一步，不过，你还必须确保想法可行。

找到好点子

创业的想法不一定要新颖，但必须满足某种需求，这样才能获得成功。

先想一想你遇到的问题，如买不到某种产品或无法获得某项有用的服务，这或许是一块你可以填补的市场空白。另外，如果现有产品或服务无法令人满意，那么你可能有机会来改善它们，提供更好的产品或服务。

寻找好点子时，思考一下现有企业目前都提供什么、不提供什么，后者可能就是你的机会。此外，还可以关注利基市场或专业市场，你可以在这些领域满足小众但专一的客户需求。

调研市场

市场由具有共同需求的人组成，因此了解他们的兴趣和关切的问题很有价值。密切关注媒体，尤其是网络媒体，寻找可以利用的流行趋势。根据你感兴趣的市场，加入相关的网络论坛，可以深入了解会员的需求、愿望和问题。提出问题，征求意见，并与潜在客户讨论你的想法。

在线行业杂志也是一个有用的信息来源，大多数行业有自己的专业杂志。你可以从杂志中了解行业的发展趋势及潜在竞争对手的表现，还可以获得有助于你构思想法的基本知识。

你的想法可行吗？

你的想法必须是可实现的，最终才可能获得成功。从各个角度审视你的想法，围绕各个方面提出问题，同时思考你是否有实现这一想法的能力。想一想市场变化会对它造成什么影响。找出它的优势，看看如何利用优势，同时还要克服所有的劣势。另外，在充分利用所有机遇的同时，预测任何可能出现的威胁及应对之法。

使用检查清单

“好想法检查清单”是一种被广泛使用的工具，可以用来评估新的商业想法的价值。好想法通常符合下列的大多数条件。

一旦你有了想法，就一定要做好保密工作。

案例研究

诚实茶

塞斯·戈德曼（Seth Goldman）最早想要开发低热量饮料，还是在耶鲁大学做饮料行业案例研究的时候。他发现市场上有含糖饮料和瓶装水，但没有介于两者之间的饮品。

一次，他在纽约中央公园跑完步，却找不到想买的合适饮料。戈德曼发现了问题并提出了解决方案。1998年，他与人共同创立了诚实茶，开始生产甜度较低的有机瓶装茶，进而成为这一市场的领导者。

好想法检查清单

1. 填补市场空白

你的想法可以提供当前市场没有的产品或服务，从而填补一块尚未开发的市场空白。

2. 创新

你的想法与现有其他方法相比，能够更好地解决问题或满足需求。

3. 挑战现有替代品

你的想法提供一种更好的新方法，对现有方法提出挑战。

4. 脱颖而出

新产品或服务明显更好或与众不同，可以从现有产品或服务中脱颖而出。

5. 满足客户期望

新产品或服务的质量达到客户期望的水平。

6. 创造价值

新产品或服务会使客户受益，让他们觉得钱花得值。

7. 拥有明确的目标

你的想法会让客户感到高兴或有助于某项重要的事业。

8. 利用自己的优势

你的想法建立在自己的技能、经验、市场知识或人脉之上。

9. 面对不断增长的市场

你所面对的市场正在不断扩大，在持续的时间内有足够的潜在需求。

10. 可以扩大规模

新产品或服务的规模可以不断扩大，而成本不会按照同比例增长。

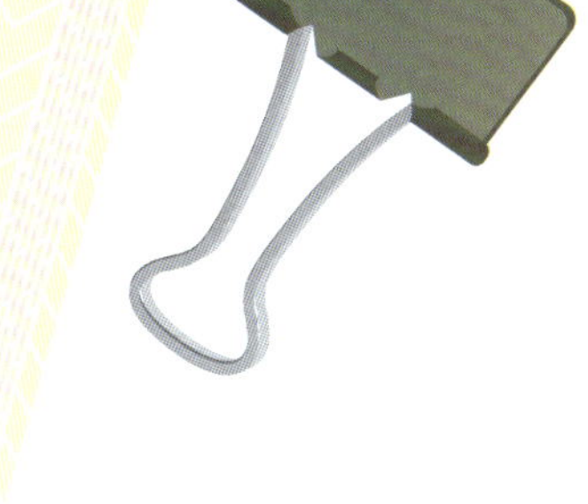

“一定要跳出固有的思维模式，拥抱出现的机会。”

安赛乐米塔尔钢铁集团首席执行官拉克什米·米塔尔（Lakshmi Mittal）

提供产品或服务

一般而言，大多数企业不是向客户提供产品，就是向其提供服务。当计划创业时，决定向客户提供什么至关重要，这一点有很多考虑因素。

权衡选项

在决定创办的企业要销售产品还是要提供服务时，时间和成本是重要的考虑因素。此外，还要考虑何时可以创收。以产品为主的企业需要购买或开发产品，然后进行测试。产品需要卖出一定的数量，赚回成本，才能开始获利，这可能需要一些时间。不过，产品一经出售，一般来说客户会立即付款。

如果你的企业是直接的服务提供商，那么可以立即以最低的准备成本提供服务。但是，如果需要培训或特定的设备，就要花费时间和金钱。此外，客户通常想要开具发票，这可能意味着要等待数周才能付款。

有些企业既提供产品，又提供服务。例如，汽车修理工在修车的同时还会卖车，享受两种业务带来的利润。但是，第一次创业时，还是先集中精力尝试一种业务，稳定后再尝试其他业务。

销售产品或提供服务

除所需的时间和资金不同外，当决定是要销售产品，还是要提供服务时，还应该考虑长期因素。

销售产品

- 客户可以看到他们要买的产品，这有助于他们决定是否购买。
- 需要补充库存，这会不断地增加成本。产品如果卖不出去，可能会腐烂，那么将会造成直接损失。
- 需要存储产品，也就是说需要合适的仓储设施，成本可能很高。

鲍勃汽车中心

销售优质二手车

车辆维修

售出

增长空间

可扩展性是企业在不按比例增加成本的情况下提高销售额的能力。产品企业和服务企业的区别便在于此。

- 有些产品的可扩展性很高，如在线课程、应用程序或软件。这些产品被开发后，可以无限制地出售，基本无须额外的成本。
- 所有服务都需要交付时间，这降低了它们的可扩展性，尤其是需要招更多的人来提供服务时，会增加成本。不过，可以增添其他服务，从而为增长提供空间。

注意

- 应避免出现缺货的情况，这会打击客户的热情，他们很可能会去购买竞争对手的产品。
- 不要期望优质的产品或服务不用推销就能卖出去，创业型企业必须有效地销售产品或服务。
- 定期将你的价格、产品或服务质量与竞争对手的进行比较。
- 要定期进行检查，以确保你的产品或服务完全合规合法。

“决定服务或产品质量的不是你投入了多少，而是客户从中获得了多少。”

美国管理顾问彼得·德鲁克
（Peter Drucker）

提供服务

- 服务是无形的。
- 很少有独一无二的服务，因此竞争可能会很激烈，这意味着保持良好的信誉至关重要。
- 提供服务后，如果客户感到不满意，有可能会拒绝付款。
- 你可能需要定期培训或获得认证，这一点取决于具体的服务类型。

寻找市场空白

为了创业成功，你准备提供的产品或服务必须有市场，或者需要你为其开拓一个市场。也就是说，你要么提供人们需要的全新产品，要么对现有产品或服务做出改良。

找到空白

市场空白其实就是当前无法满足的一种需求，举个例子，一个小镇上有几家餐厅，但是没有墨西哥餐厅，这就是你可以填补的一个空白。又或者，小镇上有一家法式餐厅，但没有儿童套餐，无法满足一些客户的需求，这也是一个潜在的市场空白。再或者，虽然这个小镇的居民可能很满意现有的餐馆，但他们十分渴望有一种全新的就餐方式，来满足他们并不知道的一种需求，如外卖服务，使他们可以随时订购任何美食，在家享用。

要想找到市场空白，就需要研究准备进入的市场，同时考虑自己的经验。寻找当前市场上没有的产品或服务，还要注意观察已有的产品和服务，看看是否可以加以改进，提高它们在客户心里的价值。如果你打算开一家本地企业，那么要向本地人了解附近有什么，没有什么。此

价格高，质量好
❯用优质皮革制成的时尚产品
❯针对年纪较大的有钱客户
❯制作精良，十分耐穿

填补空白

市场空白是一个接触尚待开发的客户群的机会。现有市场可能存在一部分服务供应不足，或者现在行业中有一个新的机会。在这个例子中，新进入者发现了一个市场空白，即价格中等、质量良好的时尚鞋子。

新品
❯外观时尚，对多个年龄段的人都有吸引力
❯价格中等
❯优质耐用

外，你还可以试试现有的产品或服务，看看是不是有需要改进的地方。从侧面思考，寻找其他人尚未发现的需求。

评估选项

在考虑潜在的市场空白时，要研究一下这个空白存在的原因，可能是因为还没有人想到合适的产品或服务，有可能是因为没有足够的需求。比如，没有墨西哥餐厅的那个小镇之前可能开过一家这样的餐厅，但因为需求少，所以关门了。

寻找潜在市场时要保持灵活性，并愿意调整自己的想法。在全力出击之前彻底研究一下自己面临的选择。

须知

- 竞争性市场指拥有大量买卖双方的市场，这意味着没有人可以控制市场价格。
- 需求指客户按照给定价格会购买的产品或服务的数量。
- 市场破坏者指创造新产品、服务或方法而改变现有市场的人，他们往往会在此过程中成为新的市场领导者。

> “远大理想是开启万物的钥匙。”
>
> 沃尔玛创始人山姆·沃尔顿（Sam Walton）

价格低，质量差
有吸引力，价格很低
针对经常更换衣物的年轻人
不太耐穿

价格中等，质量差
关键卖点是时尚新颖
适合所有年龄段的人
质量令人失望，很快就会穿坏

脱颖而出

在竞争对手云集的市场中，你的企业需要脱颖而出才能吸引客户。要想做到这一点，你需要创造并维持独特的竞争优势。

创造优势

创业时，你需要快速确定如何能够使你的产品或服务脱颖而出，从而创造出竞争优势。当你首次进入竞争对手云集的市场时，可以提供比竞争对手更大的价值或更好的利益来获得并维持这种优势，这一点尤其重要。

你可以通过多种方式创造更大的价值，比如，提供独特或新颖的产品或服务，它们的质量更高，有卓越的客户服务或者保修期。这些都是你的独特销售主张（USP），即独特卖点。无论你选择哪种方式，都要确保客户意识到它们的价值，因为你获得竞争优势的关键就在于此。

此外，你还可以提供比竞争对手更好的利益（差异化优势）或以具有竞争力的价格提供相同的利益（成本优势）。不过，当价格成为独特销售主张时，一定要提高警惕。客户可能会把“价格低”解释为“质量差”，因为竞争对手可能会以更低的价格出售，所以你吸引不到忠诚的客户群。

确定客户并了解他们的需求，对创造竞争优势来说至关重要。但是，要想留住客户，你需要关注市场动态，观察现有竞争对手和新竞争对手都在提供什么产品或服务。

你的企业为客户提供的价值必须在商业上是可行的。如果为了吸引客户而增加业务成本，导致利润微乎其微，那么这么做是毫无意义的。一定要在提供的价值和获取的利润之间取得适当的平衡，这一点至关重要。

与众不同

宣传你的企业比竞争对手好在哪里，告诉潜在客户为什么要选你，这有助于吸引目标群体。这种独特性应该是企业“价值主张”的一部分。价值主张是你向客户做出的承诺，客户可以从中了解你的产品质量，以及你和你的企业会给他们带来什么益处。

“应该向竞争对手学习，但不能抄袭。要是抄袭，企业就完了。”

阿里巴巴联合创始人马云，2007年

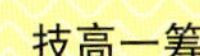

技高一筹

为了吸引和留住客户，你的企业必须提供他们在其他地方无法获得的价值和利益。这就是你的独特销售主张。

如何做到

- 不断了解客户，确保满足他们的需求。客户需求会随着时间而变化。
- 定期检查独特销售主张，确保它们的独特性，并受到客户的重视。
- 定期评估竞争对手的独特销售主张，并找到方法确保你的独特销售主张超越了他们。
- 监督独特销售主张的成本和收益，确保一定的利润率。
- 持续关注新进入者及其提供的服务。

创造优势

如何将你的产品或服务与竞争对手区分开来，这取决于具体的产品或服务、市场、竞争对手。

- 提供与竞争对手不同的产品，如质量更好、更安全或设计更独特的产品。
- 提供客户无法在其他地方找到的服务或独特且更具吸引力的服务。
- 有吸引力的价格可以使企业脱颖而出，但绝对不能忽略质量。客户在确定产品是否物有所值时会同时评估其价格和质量。

确定目标

创业伊始就要确定你想做什么，以及为什么要做，这可以让你的想法更清晰，有助于制订特定的计划。

明确目的

创业时，首先要确定你想实现的目标，也就是企业愿景。愿景描绘了企业长远发展的情景。要想让愿景成为现实，你必须确定自己为什么要选择这个领域，而不是其他领域。比如，你想开一家旅行社，原因是什么呢?

也许是因为你想为客户提供激动人心的旅行，想服务某个特定市场，或者你仅仅将其视为一种赚钱的方式。这就是企业愿景背后的“目的”。围绕这一“目的”做出决定并制订计划。例如，提供定制假期服务的旅行社和旨在赚钱的旅行社相比，两者的计划肯定是不同的。

愿景和目标是企业的具体体现，是制定战略、规划程序和工作的基础。一开始，你就可以通过使命宣言与其他相关人士分享企业的愿景和目标，包括投资人、客户、用户和员工。使命宣言可以说是对你和企业的一个总结。

设定价值观

在确定企业的愿景和目标时，还应该考虑要坚持的价值观，如诚实、正直、物有所值、热情。价值观相当于指导决策的地图和指南针，可以从企业的经营方式上反映出来。将价值观整合到企业的方方面面，并将其传播给他人，这样与你打交道的人都会知道你的立场。举个例子，为老年人提供服务的旅行社可以选择“承诺、质量、奇遇、奢华”作为价值观。

“人们之所以买单，不是因为你做了什么，而是因为你为什么这么做。”

作家、励志演讲者西蒙·西内克（Simon Sinek），2009年

创建使命宣言

使命宣言是一份书面声明，阐明企业的目标，即企业是做什么的、为谁而做、如何做。使命宣言应该简明扼要，对这三个关键问题给出明确的答案：

做什么？确定企业提供的产品或服务。

为谁做？说明产品或服务是为谁设计的。

如何做？解释如何满足客户的期望。

你还可以通过愿景宣言来支持使命宣言。愿景宣言概述了企业实现使命时的未来情景。此外，你还可以撰写价值观宣言，解释企业在履行使命过程中将会坚持的价值观。这三个宣言构成企业和相关人士之间的一份保证。

案例研究

微软公司

1975年，比尔·盖茨（Bill Gates）创立了微软公司。微软公司最初的愿景虽然简单，但雄心勃勃：“让每个家庭的桌上都有一台电脑。”微软公司通过调整战略、通信技术和文化以实现这一愿景。从那时起，电脑逐渐普及开来，因此微软又有了新的愿景：“让世界上的每个人和每个组织都获得更大的成就。”

激励他人

使命宣言不仅为你提供了重点，还可以激励他人。它有助于吸引并激励员工，让他们明确自己需要遵循的价值观，对企业要做什么及其原因保持敏感。此外，使命宣言还可以作为重要的营销工具，帮助企业树立精确的品牌形象，吸引客户。不过，你必须证明企业一直在遵守这些价值观，否则其效力会被削弱。

选择结构

你可以独自一人创业，也可以和家人或合伙人一起创业。当然，还有很多其他选择。企业的结构会随着业务的增长而变化，但最开始一定要选择一个适合的架构。

考虑可行的选择

你所选择的组织结构取决于企业的性质，包括企业的复杂性和成长潜力，还有你愿意承担的风险级别。你是一个人创业，还是与一个或多个合伙人一起创业，这都会影响你的选择。此外，企业的宗旨，如以道德、慈善还是利润为主，也会影响你的选择。

大多数人在刚开始创业时是一个人或选择与他人建立非正式的合伙人关系，个人要对企业的所有债务负责。随着企业的发展，可能有必要依法注册为有限责任公司或有限公司。这样可以保护你的个人资产不会因为企业债务而有所损失，还有助于你和合伙人更轻松地获得贷款和其他融资。

个体经营者

这种企业由所有人以企业的名义经营；较大的企业可能需要注册为有限公司。

利

- 创办起来很简单
- 税后可以保留利润
- 所需资金少
- 没有要申报的年度企业账户，只需申报个人所得税

弊

- 无限债务责任：你的企业和私人资产之间没有区别
- 筹集额外资金的能力很低
- 决策权落在你的肩上

承包商

承包商往往在合同期限内为客户提供一次性的服务，可以是有限公司。

利

- 长期合同可以保证收入
- 可以决定接受哪些合同、何时休息
- 报酬可观，通常按照“日薪”结算

弊

- 合同可能会在没有警告的情况下终止，具体取决于条款
- 工作时间可能很长，工作地点可能离家很远
- 需要时间建立信誉

自由职业者

自由职业者是自雇的个体经营者，通常服务于多个客户，从事多个项目。

利

- 启动成本较低，可以在任何地方工作，包括家里
- 工作量和时间表由个人决定
- 工作时间灵活

弊

- 工作可能比较零散，会导致现金短缺
- 一个人工作会感到孤独
- 自己负责财务管理
- 可能难以实现工作与生活之间的平衡

合伙企业

合伙企业的所有权、控制权和利润由两人或多人共享。

利

- 合伙人汇集他们的知识、专业技能、人脉，还有资金和其他资源
- 无须申报任何年度账目

弊

- 如果一个合伙人离开或觉得自己的工作超出了事先商定的合理工作量，就会出现问题
- 合伙人希望按照自己分得的利润缴税

购买企业

如果资金充足，那么买下一个现成的企业不失为一个诱人的选择，因为这样就不用从头开始了。但是，企业出售一般会有很多原因，如业绩不佳，所以要彻底调查一下，找出这家企业出售的原因。寻求专业建议，查看财务记录，阅读在线评论，并询问一下本地人。要知道，购买企业需要前期投资，在证明投资成功之前，风险一直存在。

2019年，英国**59%**的私营企业是个体经营者。

英国商业、能源与产业战略部

家族企业

家族企业是由同一家族的成员拥有并经营的商业实体，通常会跨越几代人。

利

- 长期来看稳定连续
- 信任、忠诚和理解
- 共同的承诺和价值观
- 利润保留在家族中

弊

- 裙带关系，即使家庭成员缺乏技能或经验，也往往会雇用他们
- 可能会出现冲突，这种冲突可能更难解决

有限责任公司

有限责任公司是合法注册的公司，其资产和债务属于公司而非所有者。

利

- 因为所有者对公司债务不承担任何个人责任，所以风险较低
- 如果预计可以快速实现高增长，那么可以公开上市以吸引外来投资

弊

- 所有者用自己的钱投资并承担有限责任
- 公司向股东分配利润
- 必须每年填写纳税申报表，缴纳企业所得税

特许经营商

特许经营商是一家公司的独立分支机构，这家机构通过支付费用获得代表母公司的权利。

利

- 无须提出原始创意
- 母公司会提供培训、支持和知识
- 风险低，因为商业模式已经得到验证
- 所需资金少
- 工作时间灵活

弊

- 仍须对母公司负责
- 无法控制品牌、培训或文化方面的创意
- 母公司可能会破产
- 需要持续向母公司交纳费用

非营利性组织

非营利性组织是致力于某项事业而不以营利为目的的合作企业、社会企业或慈善机构。

利

- 可将利润再次投给有益的事业
- 可以申请补助金和免税
- 能够“有所作为”
- 自治

弊

- 利润不能分散开来，个人报酬可能较低
- 资金竞争激烈，存在不确定性
- 依靠公众的慷慨捐助和同理心

家族企业

创办家族企业，可以与你最信任、最关心的人一起工作。只要成立的是一家专业化的企业，以正确的方式经营，它就可能会大获成功。

一起工作

创办家族企业可以带来巨大的回报，并且具有很多优点，比如，大家拥有共同的目标，都希望获得成功，会相互支持。但是，家族企业也有缺点。因为企业中大多数职位由家庭成员担任，所以与多元化企业相比，可能缺乏广泛的技能和经验。此外，家庭关系与工作关系不一样，这可能会导致对企业有害的冲突。

为了确保企业能够成功，家庭成员必须提早做出一些决策，如谁是所有者、如何融资、如何分配利润和负债。此外，还需要确定每个人的角色、工作时间、工作方式、薪酬。为此，家庭成员要共同起草一份书面的家族章程，以便每个人都知道可以从企业中得到什么。

对你来说合适吗？

创办家族企业不是一件简单的事。在冒险尝试之前，你需要和所有相关人士一起权衡利弊，客观分析，判断这是不是正确的选择。新企业需要大家全力以赴，拥有共同的决心才能成功。家人在一起工作可能形成强大的力量。但是，如果存在任何冲突，那么需要尽早解决，防止危及企业未来的成功。

利

- **熟悉：**大家彼此熟悉，可以轻松有效地进行沟通。
- **坚定：**大家都有共同的目标。
- **速度：**可以快速创办企业，成本低，不怎么需要招人。
- **支持：**因为大家彼此了解，所以可以满足不同的需求。

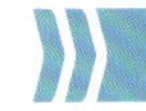

“欧洲所有企业当中，家族企业占60%以上。”

欧盟委员会，2020年

家族章程

在家族企业中，明确角色和职责尤为重要。冲突可能导致长期的分歧。为了避免这种情况，家庭成员可以创建一份非正式的协议或章程。

所有相关的家族成员都需要参与进来，共同决定章程的内容。家族章程通常涵盖企业的运营方式、短期和长期目标、责任和权力范围，有的还包括如何将企业传承给下一代。家庭成员可能需要咨询律师或商业导师，帮助他们就棘手问题达成共识，比如，如何分配控制权和潜在的财富。

章程没有法律约束力。企业一旦开始运营，就需要定期对其进行审核，以确保章程仍有价值。

弊

- **熟悉：**彼此熟悉会导致不专业的态度。
- **思维狭隘：**家人一起工作，可能不会接受有用的外部想法。
- **个人怨恨：**会影响生意，破坏家庭关系。
- **假设：**如果没有家族章程，那么年长的家族成员会认为自己应该掌权。

特许经营

如果你一开始就想有现成的商业模式和知名的品牌，那么可以考虑特许经营。在这一过程中，认真调研、周密计划和可用资金缺一不可。

何谓特许经营？

特许经营是一项协议，你可以获得授权开办企业，销售成熟品牌的产品或服务。在这种情况下，你是受许人，对方是特许人。并非所有的特许经营都有相同的约定，但受许人开始时都会交一笔费用，还会支付一定比例的销售收入（称为“特许权使用费”），以换取销售品牌产品或服务的权利。

快餐连锁店是常见的一种特许经营类型，即“经营模式特许经营”，麦当劳就是一个例子。在这种模式下，受许人需要获得以特许人品牌的名义建立独立店铺的权利。新的店铺和特定区域内所有其他受许人拥有相同的设计、菜单和运营系统。

权衡成本

这类企业具有明显的优势。特许人拥有忠实的客户群、经过市场检验的产品或服务、成熟的物流，受许人可以从中受益。作为回报，受许人需要在开始时投入一笔大量的资金，并且同意将自己与该品牌的产品和基础设施联系在一起。

成为受许人

在决定是否开展特许经营之前，先问问自己每天想花多少时间参与企业经营。如果你希望通过特许经营获得一定的收入，但又不想工作太长时间或过多地参与管理，那么一定要找一个允许这样做的特许人。特许人有自己的期望，因此你需要评估对方的期望，并确保自己愿意并有能力满足对方的期望。仔细研究、谈判、规划，与特许人建立良好的关系，这些都是成功的关键。

特许经营的类型

特许经营主要有三种类型，每一种的权利级别和商业模式各有不同，但都少不了坚定的财务承诺。

经营模式

作为受许人，你不仅有权销售特许人的产品，而且有完整的业务系统可以遵循，还可以得到特许人的支持。这种特许经营类型适合大众消费领域，如理发、汽车维修、水暖维修和保洁服务等。

产品

特许人授权于你，允许你使用制造商的商标出售或分销品牌产品，如电脑或汽车，但你不会从特许人的业务系统中受益。你可以出售或分销的产品会受到限制。

制造

你通过支付费用获得制造产品和使用相关品牌名称、商标的权利。比如，这种产品可能是软饮料，调味的原料由特许人提供。

注意

- 启动成本可能很高，通常比你独立创办企业的成本要高得多。
- 你的声誉将取决于特许人的声誉，所以一定要彻底调查特许人。需要注意的一点是，你将受到特许人规则和条例的约束。
- 思考一下创业动机。如果你的动机是创办自己想象中的企业并实现个人目标，那么特许经营可能无法帮助你实现这一点。

1 调查潜在的特许人

上网搜索信息，如果可能的话，还可以参加特许经营研讨会和展销会，在那里，你会遇见潜在的特许人，可以现场提出问题。比较特许经营的形式和费用。

2 寻找成熟模式

评估著名品牌久经考验的商业模式。寻找特许经营成功的例子，并分析其中的原因。

3 匹配自己的技能

思考一下你和潜在特许人的兼容性如何。你能为对方提供什么？从经商之道和能力发展方面你将得到什么回报？

4 谈判

选择一个地区，确定成为该地区唯一受许人的可能性。商议你将得到什么和特许人对你有什么期望。就产品定价和特许权使用费占销售收入多少的问题达成共识。

5 核查融资和法律问题

准备商业计划，预测现金流。寻找最经济有效的融资方式。寻求法律建议，并在签署任何文件之前先阅读细则。

6 准备开业

按照合同向特许人支付初始费用。选址，并根据与特许人达成的协议建立合适的会计和软件操作系统。确保充分利用特许人提供的资源或服务，包括市场营销、质量控制体系、员工招聘、培训设施、工资系统、客户服务支持，以及有关健康和安全措施的帮助和建议。

7 运营

一般来说，你需要每月向特许人报告，并支付特许权使用费。要按时完成，以确保得到特许人的持续支持。你还需要为质量控制检查做好准备。

其他组织类型

创业可能不单单是为了赚钱。你可以不走常规路线，通过创业集聚资源，帮助有需要的人，或者为你关心的事业和项目提供资金。

面临的选项

如果创业是为了追求特定的社会、慈善或其他目标，那么常规的商业机构类型可能不适合你。其他组织类型包括合作企业、社会企业、慈善机构。这些机构通常被笼统地称为“非营利性组织”，这样称呼可能会误导大家，其实这些组织都是需要赚钱的。关键的区别在于，它们不会将利润分配给股东或自己，而是将资金重新投入到组织中，以保证组织持续运转，并为所支持的慈善或社会事业提供资金。如果你选择这条路线，就不是为了赚钱而赚钱，而是为了成员、社区、社会或环境事业的利益服务，或为慈善活动提供资金。

非营利性组织属于自治实体。如果你创办一家非营利性组织，那么你就是创始人，而非所有者（按照定义，合作企业会有多个创始人）。创始人不能直接从组织的净收入中获利，不过有权获得工资。虽然组织可以通过销售产品或提供服务赚取收入，但也可以通过捐赠、赞助和拨款来筹集

找到适合自己的

合作企业为其成员所拥有、控制和运营。因为合作企业不是股东所有的，所以所有资金都留在企业内部，由其成员决定资金的用途。如果你想成立一家合作企业，那么显然需要寻找志趣相投且喜欢民主决策这种方式的人。

如果你想寻求更多的控制权，又想将商业活动与慈善结合起来，那么社会企业可能会很有吸引力。社会企业在公开市场上买卖，但目的是创造就业，并把收入用在企业内部及本地或更广泛的社区。

如果支持你心中所系的事业是你的主要创业目标，那么慈善机构可能是最好的选择。不过，慈善机构的运作方式有严格的法律规定，不同国家或地区的法律会有所不同。

“渴望社会变革，你的生活将会不断地被丰富。唯一的失败在于不去尝试或举手投降。”

非洲女性教育慈善机构CAMFED创始人兼首席执行官
安·科顿（Ann Cotton），《卫报》，2007年

合作企业

合作企业有很多形式，包括农场、零售或住房合作社。作坊、信用合作社等银行服务提供商也是合作企业。合作企业由你和其他成员共同拥有，你们地位平等，共同做出商业决策。

- **目标：**必须有一个明确的经济、社会或文化目标，企业的收入用于实现这一目标。
- **成员关系：**成员关系通常是开放的、自愿的，每个成员对商业决策都有表决权。
- **利润：**可以分配给企业中有经济利益关系的成员。

资金。有些非营利性组织，尤其是慈善机构，还可以申请税收优惠。

宣称遵守道德标准的企业可能要面对公众和政府机构的审查，因此需要意思明确的使命宣言。你必须做到透明、负责，实现良好的治理，准确做好记录。

性质不同，但方法类似

虽然关注点不同，但非营利性组织和营利性组织通常会使用类似的商业战略和管理方法。即使是那些严重依赖志愿者的组织，也需要雇一些带薪人员，采用与营利性组织类似的促销手段。与营利性组织一样，非营利性组织的目标仍然是赚钱，但赚的钱会用到所选的慈善或社会事业中。

须知

- 治理指管理机构监督和管理组织运作的方式。
- 使命宣言是企业正式表达其目标和价值观的一种形式。
- 非营利性表示组织主要关注的不是利润。
- 社会企业家指为了解决社会问题或带来社会变革而创办企业的人。

社会企业

如果成立的是一家社会企业，那么它的主要目标将是促进社会变革。具体可能涉及解决社会问题、改善人们的生活水平、提供培训和就业机会、支持社区、保护环境。社会企业使用赚取的利润来做到这一点。

社会企业包括将收入用于为长期失业者提供工作机会的咖啡馆、促进回收利用的企业、改善社区绿色空间的园艺服务商等。

虽然各国对社会企业的确切定义有所不同，但如果你的企业满足下面这些要点，可能就属于社会企业：

- **使命**：无论社会使命还是环境使命，都要在管理文件中明确写明。
- **独立**：企业是独立拥有的。
- **收入**：企业的大部分收入来自交易，或者正在朝着这个目标努力。
- **运营**：企业完全是为了社会使命而运营。
- **利润**：将大部分利润进行再投资或捐出，以支持企业的使命。
- **透明**：企业的运营方式及其影响是公开的。

慈善机构

要想成立慈善机构，为某项事业筹集资金，必须符合严格的标准。慈善机构可以以信托、公司或协会的形式设立，但所有资金必须全部用于慈善事业。

- **事业**：法律通常会要求你将一定比例的收入用于慈善事业。
- **剩余资金**：剩余资金可用于支付管理费用。
- **联合企业**：支持你的任何慈善商店和其他活动可能必须是独立贸易实体的一部分，如社会企业。

选择模式

在计划创业时，需要做不少决策，其中之一就是确定商业模式，即运营和获利的方式。研究所有选项将有助于你做出最佳选择。

分析选项

所有创业企业都需要合理的运营方式来创造利润并取得成功。创业企业可以采用单一的商业模式，如零售，也可以采用多种商业模式。举个例子，杂志出版商可以采用订阅模式定期向读者收取费用，还可以同时采用广告模式，从希望向读者推广品牌的企业那里收取费用。此外，杂志出版商还可以通过免费赠送杂志来增加受众，然后收取更高的广告费用。

当你在考虑商业模式时，可以征求潜在客户和专家的意见，然后尝试使用该模式，根据需要进行调整。下面是一些常见的商业模式，除此之外，还有很多其他模式。

线下销售

顾客直接在商店购买商品。零售商自己生产产品或从批发商、分销商那里购买产品，然后通过加价出售来创造利润，并面对面直接卖给客户。

线上销售/电子商务

企业可以通过自己的网站或第三方网站进行在线销售。作为虚拟市场，第三方网站会收取一定的费用。欧洲领先的第三方网站包括Allegro、Fnac和Otto。

线上、线下结合

既有传统实体店又兼顾在线业务的企业使用的就是这种方式。客户可以在线订购，也可以从实体店购买。与实体店相比，这种模式有助于零售商提供更广泛的产品。

制造

制造商（如家具制造商）使用原材料生产产品，然后将其卖给批发商（如经销商或商店），批发商加价后将其卖给客户。

批发

批发商通常从制造商那里购买产品，然后转售给零售商，零售商再卖给客户。批发商可以直接卖给客户，也可以先卖给某个经销商，经销商再卖给一般的批发商。

直销

直销指个人通过产品售卖会或其他一对一的形式直接把产品卖给客户。有些公司，例如，化妆品公司雅芳，把产品卖给个人代理，他们每卖出一件产品都可以从中抽取利润。

“熟悉不同的商业模式是关键。”

阿卜杜·里亚尼（Abdo Riani），2019年

特许经营

成功的大公司（特许人）允许个人（受许人）购买特许权，用特许人的品牌进行交易，使用特许人的系统，并销售其产品或服务。这是个人融入成功企业的一种方式。

许可

这种模式可以让公司（许可人）将设计、产品或服务授权给他人（被许可人）使用，实现知识产权商品化，同时收取许可费，并保留所有权。

免费增值

有些公司通过提供免费产品或服务及付费的高级版本来吸引客户。例如，领英是一个免费的社交平台，同时它也有具备高级功能的付费版本。

订阅

客户需要定期支付费用（会员费）才能享用内容、产品或服务。很多健身房、婚介机构、在线课程，以及软件和媒体公司使用这种模式，如网飞（Netflix）和英国的天空电视台（Sky TV）。

“饵与钩”

“饵与钩”模式也被称为“剃刀与刀片”模式或“搭售”模式。它以低价出售基本的耐用产品（如打印机），从而促进重要部件（如墨盒）的持续销售。重要部件会以高价出售。

广告

为了出售广告位，出版物或平台会创建有趣的题材、音乐、视频或其他内容，以吸引大量目标群体。其他企业需要交费才能在这些出版物或平台上投放广告。

经纪

经纪机构是买家与卖家之间的桥梁，它们会从一方或双方那里收取交易费。房地产经纪人和财务顾问使用的都是这种模式，他们根据交易的价值收取佣金。

联盟

大多数网站所有者使用这种模式来赚钱。他们邀请零售商在网站上推销产品，当客户购买产品时，网站会从零售商那里收取佣金。

制定战略

制定战略的过程有助于你确定哪些可以做到，哪些做不到。企业的战略就是一张地图，上面列出了你的目标及实现目标的方式。

界定企业

每家新企业都需要深思熟虑的战略，将长期目标传达给所有相关人士，并概括如何实现这些目标。制定战略需要进行研究和思考，应该让相关利益者参与进来。你可以将战略视为指南，用它来确定行动方案。

首先，要明确企业的宗旨、主张，以及希望实现的目标。其次，要考虑企业的性质——目标群体、运营方式、竞争方式。例如，提供社区服务的企业与卖奢侈品的企业需要完全不同的战略。

在充分、详细地了解企业的目标和性质后，你就可以将其汇总为一份简单的声明，将企业存在的理由告知所有相关人士，这就是企业的使命宣言。

如何做到

- 因为企业的运营环境会发生变化，所以必须不断地研究战略。
- 要特别注意外部环境是否即将发生对企业产生负面或正面影响的变化。
- 新法规、新技术，甚至不断变化的经济预测都可能产生重大影响。要与时事和行业的最新动态保持同步。

详细分析

制定战略时有一点很重要，那就是要考虑到企业的优势和劣势，以及可能面临的机遇和威胁。你可以进行SWOT分析，这样便于充分利用专业知识等优势（S），弥补资金有限等劣势（W），寻求并利用新的机遇（O），应对威胁（T）。

你制定的战略必须包括如何参与竞争，这对于新创办的企业来说至关重要。虽然你可能无法与成熟的竞争对手打价格战，但可以在其他方面与之展开竞争，如价值、独特性、质量和客户服务。确定最佳的竞争方式是企业成功的关键。

感知价值竞争

什么价值更高?

小企业无法打价格战，但能不能为客户提供更大的价值？例如：

- 离客户近，这样对客户来说更方便，同时意味着企业可以提供针对个人的服务。
- 提供竞争对手没有的个性化服务，这样可以更好地满足客户需求，让他们感到自己受到了特别的待遇。
- 在营业时间上做到方便客户，如下班后继续营业。

评估选项

制定战略时，各个方面都必须保持一致，这样你想要企业实现的目标才会切实可行。同样，你要吸引的客户必须是最能满足企业需求的客户。仔细对比每个想法和总体的战略目标。

独特性竞争

什么不容易买到?

你是否可以开发出客户难以找到且竞争对手无法轻易复制的产品或服务？例如：

- 开发在其他地方买不到的独特产品，如定制产品。
- 根据对本地的了解，建立一个完全致力于满足本地人需求的网站。
- 找到一个很小的利基市场，大企业一般对这样的小市场不感兴趣。
- 选择会吸引客户的附加服务。

客户服务竞争

客户真正想要的是什么?

你能为客户提供比竞争对手更好的服务，从而提高他们的忠诚度吗？例如：

- 提供个人服务，能够叫出客户的名字。
- 为客户提供愉快的购物体验，吸引他们再次光临。
- 开发后续服务，鼓励客户重复购买。
- 提供灵活的条款，如允许客户分期付款或延长退货时间。

> “战略就是把精力集中在可以给我们带来相对优势的那几个目标上。”
>
> 英国管理顾问理查德·科克（Richard Koch）

了解市场

在计划创业时，你必须决定是提供具有广泛吸引力的产品或服务，还是将目光锁定在某个利基市场上。你还需要选择市场——直接卖给消费者，还是卖给其他企业，或是两者兼而有之？

大众市场和利基市场

确定最佳市场，也就是目标市场，对于任何企业的成功都至关重要，同时也应该成为企业战略的一部分。从广义上讲，你有两种选择：一是大众市场，二是利基市场。不过，你也可以将二者结合起来。大众市场的产品或服务需要具有广泛的吸引力，这样才能吸引尽可能广泛的客户群，而利基市场的产品或服务应该直接针对一小群特定的客户。

在大众市场，产品或服务的销量可能很高，但利润相对较低。虽然更广阔的市场更安全，但要吸引这一庞大且分散的客户群，难度和成本都更高。不过，一旦创造出很高的销量，根据规模经济理论，产品或服务的成本将会降低。

如果产品或服务为特定群体量身定制，而他们又愿意支付高昂的价格，那么利基市场虽然产品或服务的销量不高，但可以创造更高的利润。利基市场的风险虽大，但由于其针对的客户群较小且明确，因此成本也更低。

有些企业成功地将两种方法结合起来，它们先在利基市场推出专门的产品或服务，然后进行拓展，以满足大众市场的需求。

企业对消费者（B2C）

在这种商业模式下，企业将产品和服务直接卖给消费者，消费者是最终用户。

- 比如，零售店、网店、市场摊位和服务提供商（如水管工和保姆）。
- B2C由消费者的情绪决定。消费者可能因为一时冲动买了某物，这里通常会涉及品牌认可度和忠诚度。每次交易的金额通常低于B2B模式。

了解交易模式

根据服务市场的不同，企业主要有三种交易模式。企业对消费者（B2C），指企业直接卖东西给消费者，如传统的商店及美发师和水管工等服务提供商。企业对企业（B2B），指一家企业直接卖东西给另一家企业，如制造商卖东西给批发商，批发商把货物、设备等卖给服务提供商。

不过，B2C和B2B之间的界限可能没有那么清晰，因为有些企业既卖东西给其他企业，又卖东西给消费者，如DIY供应商和食品批发商。有些服务提供商可能同时进军这两个市场。

最后一种交易模式是企业对企业对消费者（B2B2C），即企业将产品或服务卖给企业，后者再进行分销。消费者把前者视为产品或服务提供商，但消费者不能直接从他们手里购买产品。食品行业就是一个例子：产品由食品制造商（B）卖给批发商和零售商（B），他们再卖给消费者（C）。同样，在金融服务领域，一家企业可以开发产品，然后与大银行或其他机构合作，将产品卖给消费者。

大众市场

- 群体庞大且分散，因此产品或服务应具有广泛的吸引力。
- 因为目标群体广泛，因此营销费用高昂，从而降低了利润率。
- 鉴于规模经济效益，销量会很高，可以采用较低的成本生产，销售大量产品。

"近40%的英国企业的收入全部或大部分来自B2B模式。"

某网站，2019年

企业对企业对消费者（B2B2C）

在这种商业模式下，一家企业将产品或服务卖给另一家企业，后者再将其卖给消费者。

- 把产品卖给零售商的制造商和供应商就是很好的例子。
- 供应商、制造商和零售商都在把产品推销给消费者的过程中起到了作用。

企业对企业（B2B）

在这种商业模式下，一家企业把产品或服务直接卖给另一家企业，另一家企业是最终用户。

- 比如，供应链上的企业，其中一家企业把材料卖给另一家企业，或提供服务给另一家企业，如设备维护或IT支持。
- B2B通常是经过精心计划和充分研究的，企业在购买前可能会货比三家。购买行为由逻辑驱动。交易金额通常大于B2C模式。

利基市场

- 具有特定需求的一小群人，产品或服务必须精准满足他们的需求。
- 在竞争者相对较少的情况下，有针对性的营销活动支出较低。
- 如果目标客户会为特殊产品或服务支付较高的价格，那么可能会产生较高的利润。
- 持续稳定的低销量会降低产生规模经济效益的潜力。

找准客户

了解潜在客户，才能开发出满足他们需求的产品和服务，才能使用有效的推广方式达成销售。

瞄准客户

不同的人有不同的需求、兴趣和欲望，这可以从他们购买的产品或服务中体现出来。只有一部分人会对你的企业所提供的产品或服务感兴趣，他们就是你的目标客户。

找准这群客户，你就可以开发专门满足他们需求和期望的产品或服务。还可以有针对性地推广你的企业，采用能够吸引客户的信息、技术和渠道。另外，还可以利用自己在特定市场的知识和经验来进行业务规划。

市场细分是确定客户时使用得最多的方法之一。具体步骤包括将整个市场分为四个拥有共同特征的部分，然后在其中找到潜在客户。

细分市场

可以根据身份和行为对客户进行分组。一种方法是从人口统计、地理、心理和行为四个方面对客户进行分类，这几个方面与人们的生活方式、居住地、想法和行为方式有关。这样分类后还可以进一步分出子类。

人口统计因素

人口统计因素是定义客户的基本因素，包括年龄、性别、婚姻状况、民族、收入和职业。有些年龄段的人有特定的称谓，如千禧一代（20世纪80年代初至20世纪90年代中期出生的人）、X一代（20世纪60年代至70年代出生的人）。

地理因素

大到洲和国家，小到社区和街道，产品或服务可以根据客户的居住地进行定位。需要考虑的因素包括气候和人口密度等这样的大问题，还包括住房类型、季节性食品，以及社团和俱乐部等细节。

定位或细分客户可以使收入提高**760%**。

数据与营销协会，2014年

描述客户

为了了解潜在客户，可以把他们想象成角色或“化身”，使用一些简单的研究方法来详细描述客户习惯和兴趣。

- 研究竞争对手的社交媒体页面，深入了解客户的意见和行为，收集客户的联系方式。
- 阅读行业博客和文章，注意与客户有关的评论和见解。
- 找到与你的产品或服务相关的“网红”，注意粉丝的观点。
- 制作客户模板，赋予其身份，并基于四个方面（参见下文）填写详细信息。
- 考虑哪些人不大可能成为你的客户，这样可以避免把时间浪费在错误的人身上。

心理因素

这一因素主要针对客户的兴趣、价值观、观点、性格特征、态度和偏好。心理因素可能包括客户首选的联系方式、是否主要购买有机产品、给慈善机构捐款的频率，以及使用哪些社交媒体。

行为因素

你还可以根据客户的购买行为做进一步的细分。例如，有的客户可能希望直接与商店和服务提供商联系，有的客户可能什么都在网上买。有的客户可能愿意为了特定的品牌支付更高的价格，有的客户可能会兜兜转转寻找特价优惠和折扣。

评估需求

对自己的企业充满热情十分重要，但不应该假设其他人都有同样的热情。你要保持客观，深入研究，弄清楚市场对你的产品或服务有什么样的需求。

了解需求

要想把产品或服务卖出去，必须先有需求。换句话说，必须有足够的人愿意以一定的价格购买你的产品或服务，而这个价格还必须能够产生利润。你还必须考虑现有供应商（也就是你的竞争对手）的数量，因为供过于求会压低价格，从而降低你的潜在利润。

除市场规模外，还要考虑需求的时间和地点。举个例子，虽然人们可能想要你的产品或服务，但他们必须能够买到它。你如何做到这一点呢？同样，如果人们仅在一年中的某段时间想要你的产品或服务，或受某种趋

提出想法

为了确定和评估需求，你需要认真做些研究。这不会花很多钱，但需要时间。首先，全面了解你当前的想法，为了谁，以及人们为什么想要它。其次，研究潜在市场，寻求建议，并试验你的想法。然后，仔细回顾每个阶段，并愿意改变想法。准备好放弃那些行不通的想法，但不要气馁，即使你发现某个想法的需求很少，也可能在此过程中发现更好的选择。

阐明想法

要评估产品或服务的可行性，就要弄清楚对它的需求有多少。为此，先问问自己下面这些问题：

- **谁是你的客户？**他们是本地人，还是遍布全国或全球？他们的数量足够多吗？你能接触到他们吗？
- **客户在寻找什么？**他们会购买你的产品或服务吗？你还有什么替代品？
- **谁是你的竞争对手？**他们提供什么产品或服务？价格是多少？他们会对你的企业构成威胁吗？
- **潜在的竞争对手表现如何？**他们正在成长，还是发展停滞，抑或正在走向失败？

案头调研

上网看一看竞争对手提供的产品或服务，读一读客户评论。搜索统计数据、客户资料、市场研究报告和行业期刊，其中很多是免费的，或者收取很少的费用。

完善想法

根据你了解到的信息完善想法。如果市场很小或者需求已经得到了很好的满足，那么可以重新考虑一下你的产品或服务。

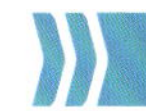

势的影响想要你的产品或服务，那么你的想法当前可能不可行。如果你无法回答这些有关需求的问题，那么即使不重新思考创业的事情，也要调整一下自己的想法。

评估需求

评估需求的方法有很多，从研究竞争对手到与专业人士交流。评估需求应该在创业的计划阶段完成，必要的话，你会有充足的时间来完善想法。只有想法得到完善，才应该考虑将资源投入到企业中。

所有的想法都值得被记录下来，即使评估完需求后也要继续监督市场。因为市场可能会迅速变化，你需要根据需求波动或客户期望的交付方式的变化迅速做出响应。你拥有的想法越多，就越可以更好地面对未来。不过，要记住，不要被热情所蒙蔽，要看看研究结果是什么。

42%的企业因为客户对其服务或产品的需求不足而失败。

乔治娅·麦金太尔（Georgia McIntyre），2020年

了解需求水平

你现在应该知道客户对你的产品或服务有什么样的需求了。要确定这些需求是否足以支撑你的企业，想一想下面这些问题：

- 你会有足够多的客户吗？你能建立稳定的客户群吗？
- 客户愿意花多少钱买你的东西？你要定价多少才能产生利润？
- 你会不会有太多的竞争对手？你可以采取什么措施来维持客户忠诚度？
- 竞争对手的表现对你来说意味着什么？你可以从他们那里学到什么？

找人交流

与业内人士交流，参观贸易展会，加入网上论坛。使用谷歌表单（Google Forms）或调查猴子（SurveyMonkey）等工具创建简单的在线调查问卷，或者在推特上做一次民意测验。征求朋友和家人的意见。

完善想法

如有必要，根据从他人那里获得的信息来完善你的想法。你的产品或服务是否满足与你交谈的那些人的需求？

测试想法

如果可能的话，在潜在客户中免费测试你的产品或服务。比如，你将要提供教练服务，那么可以提供简短的培训，评估客户的反应。

完善想法

根据产品或服务测试的反馈进行完善，如果反馈较差，那么你甚至可以重新考虑你的想法。在你确定想法可行之前，请勿将资源投入进来。

设立大本营

为企业选择合适的办公场所是一个重要决定。你有很多选项可以选择，它们各有利弊。

设立办公场所

确定在哪里办公是创业过程中的关键一步。大多数创业始于家中，如车库或棚屋，并且可能长期不变，特别是受新冠肺炎疫情的影响，工作模式已经发生改变，灵活工作现在颇受推崇。不过，随着事情越来越多，你可能需要一个专门的工作环境，如办公室、工作室或工作坊。专门的办公场所有很多优点：它有助于你摆脱外界的干扰；它可以根据你的工作类型量身定做，有足够的空间安放设备；它可以在必要时提供适合与客户见面的环境。此外，它还会为你的企业提供一种正式的环境，使你有一个实实

居家办公

居家办公是一个颇具吸引力的选项，可以节省成本，但你需要在家里分出一块专用的工作区。

利

- 可以节省通勤时间和费用，降低压力。
- 工作时间灵活，你可以一大早开始工作，并在必要时晚上工作，这有助于你顺利完成其他事情。
- 无须支付租金、停车费或其他交通费用，并且可以在家准备茶点，所以能够降低成本。

弊

- 你可以带着笔记本电脑去任何房间，办公区近在咫尺，所以更难放下工作。
- 一个人工作可能会感到有压力和孤独，家人可能会让你分心。
- 与企业地址相比，家庭地址可能会让客户觉得你的企业不那么专业。

共享空间

共享空间是一个比较好、大部人能负担得起的选项，与其他人一起工作可能会有所帮助，也可能会成为障碍。

利

- 共享资源可以灵活租用，租金不高，无须配备办公用品。
- 与其他创业人士在同一屋檐下工作，有助于建立人脉。
- 有些共享空间会提供休息区和公用厨房，会给个体经营者一种融入团队的感觉。

弊

- 上下班可能会耗费时间，造成压力，增加交通费用。
- 开放式的办公空间缺乏隐私，可能不适于某些企业。
- 附近有其他人工作，可能会分散注意力。
- 需要支付租金、停车费等费用，成本比居家办公要高。

在在的地方可以办公。这样的办公场所是需要成本的，不过也有其他选择。

使用共享空间

共享空间会提供基本的设备和服务（如上网），现已十分普遍。共享空间的环境十分专业，你可以租一个位置，有时就是一张办公桌和一台计算机，想租多久就租多久。共享空间具备私人办公室的很多好处，但无须维护和设置成本。

对于某些企业而言，营造一种拥有专门办公场所的印象比实际拥有办公空间更为重要。

存储和仓储

有些企业需要办公场所配备存储空间来保持库存的安全和干燥，或可能需要租用额外的存储空间或仓库。自我保管是一种选择，但如果需要将产品运送给客户，那么必须寻找具有足够空间容纳库存的办公场所，或租用仓库。

仓储可以提供存储和物流服务，即货物的入库和出库、运输和库存控制，但是成本可能很高。现在，有些配送企业会提供灵活经济的存储方式，具体取决于每个季节的交易量，你只需要为使用的存储空间付费。

私人办公室

单独租用的私人办公室可以让你有一种掌控感，给你带来声望，但成本很高。

利

- 提供私人办公空间，可以根据你的需求量身定制。
- 与居家办公或在共享空间工作相比，隐私性更好，你可以掌控工作环境，受到的干扰更小。
- 办公地址看起来更专业，有地方约见客户。

弊

- 租用私人办公室的费用比虚拟办公室或居家办公高得多。
- 上下班会占用你的时间，并可能增加压力和成本。
- 与基于社区的开放式共享空间相比，建立人脉没有那么容易。

虚拟办公室

对小企业而言，办公场所的成本可能是最大的日常支出之一，创业企业可能会发现自己租不起办公室。虚拟办公室是一种解决方案。虚拟办公室是一种服务，可以帮助创业企业树立信誉，并且具有实体办公室的很多好处，但费用却只占实体办公室的一小部分。创业者可以居家办公，使用电话应答服务来管理来电，享受接待服务，并可以在需要时预订真正的会议室。虚拟办公室还可以提供企业地址和邮件处理服务，让居家创业的人看起来更体面。

66%的公司始于闲置的卧室、车库或家里的其他空间。

欧洲企业家网站，2020年

选址

为企业寻找合适的地点至关重要。这会影响成本，还可能影响吸引到的客户数量和类型。要想做出最佳的选择，离不开仔细的分析。

评估自己的需求

业务范围决定了企业将如何选址。举个例子，如果你计划开一家餐厅或商店，那么你所选的位置需要尽可能吸引更多的客户。但是，如果你主要在网上完成业务、制造商品或卖东西，那么地理位置就不那么重要了。即使这样，你可能也需要考虑成本，比如，租金、仓储和运输费用，以及什么样的工作环境会让你感到舒适。

如果不是居家办公，那么你需要有一处安全、有保障的办公场所，让员工、客户和你自己都可以很容易到达。停车位和便捷的交通可能也很重要。

实地考察

首先，明确哪些标准很关键，如零售店要开在主要的商业街上；如果企业需要人流量，那么可以开在车站附近。在网上和报纸上查找相关区域的信息和招租的办公场所，找找商业地产中介机构。挑选新企业可以享受特

扪心自问

选址之前，仔细回答下面这些问题。注意，回答时一定要诚实，因为一旦做出决定，承诺就很难撤销。另外，还要思考一下你的未来需求。居家办公最初可能会节省成本，但你可能没有扩大业务的空间。一旦企业运转起来，你就可以评估、预测、监督它的成长和发展。如果企业达到一定的规模，那么你可能需要制订一个计划，为业务拓展寻找合适的办公场所。

需要实体办公场所吗？

很多企业可以选择在家经营，如一些从事网上交易的企业。如果你需要为了企业而改造自己的房子，那么一定要遵守本地的规划要求。如果你打算售卖在自家厨房做好的食物，那么一定要遵守健康和安全规定。

客户是哪些人？

如果客户会到访你的企业，那么你需要考虑相关的配套设施，如停车位和洗手间。如果你的企业向公众提供服务，那么还需要确保办公场所可以进行调整，设计面向残障人士的无障碍设施。

需要什么类型的办公场所？

大多数创业者会租一处办公场所。想一想，你需要多大的空间、需要多少存储空间？需要做饭的地方吗？该场所可以进行改造，创造更大的空间放置设备吗？

哪种大楼或地区最适合？

想一想哪种空间类型适合你的员工和客户。研究一下周围环境、房屋外观、内部布局和设计是否符合企业的要求。

殊政策的区域，如现金补助或较低的地方税。实地考察，感受一下。如果可能的话，可以与本地的企业家聊聊天，问问他们本地的情况。如果那个地方原来有过和你类似的企业，但最后倒闭了，那么试着找出原因，因为这可能与位置有关。

研究一下本地有没有限制性的法规会对你的企业造成影响，或有没有什么发展规划可能会对该地区造成不利的影响。此外，还要考虑你对空间和服务的需求，以及需要哪些许可证。

是否适合

确保你选择的区域适合你的企业风格。例如，在棚户区开一家高档美容院不可能成功。试着站在目标群体的角度看一看你选的位置。

评估一下你在所选区域将会面临的竞争水平，以及这是否会对产品或服务的销售造成阻碍。附近有竞争对手并不总是一件坏事。举个例子，如果你经营一家古董店，那么你的潜在客户很可能比较喜欢逛店铺，因此附近有一家类似的店铺实际上可能会增加你的客流量。

须知

- 租期指租房时的最短期限。
- 承租人指从出租人/房主那里租赁房屋的人。
- 续租条款明确了承租人可以在何时以何种方式延长租期。
- 押金是承租人在租房协议开始时支付的金额。租期结束时，出租人将其返还给承租人。

是否可以完全依靠预约？

如果你提供的是美容美发等服务，那么可以选择两种模式：一是需要提前预约，二是不需要预约。如果你觉得可以完全依靠预约，那么选择隐蔽的位置应该不会有什么问题，如一条安静的小巷里。

是不是季节性的生意？

大多数租赁协议可以持续至少一年或更长的时间。如果你做的是季节性生意，或依赖品味和趋势变化的生意，那么你可能需要寻找短租的办公场所或考虑其他选择，如临时性铺位。

付得起多少租金？

这个问题很关键，因为不管生意好坏，办公场所的成本都是固定的。一定要对所有成本做到心中有数，并根据实际的业务估算来确定你在租赁期内可以负担的费用。

是否需要吸引路人？

在繁忙的街道上有一处颇具吸引力的办公场所对于需要吸引路人的企业来说非常重要。但是，这通常成本很高。如果你要开一家会计企业，那么在一栋看起来很专业的大楼里有一间办公室可能就足够了。

需要配备什么？

你可能很幸运，以合适的价格在理想的区域找到了理想的办公场所，但可能必须在某些功能上做出妥协。列两份清单，一份是“必需品”，另一份是“锦上添花的东西”，并准备好做出取舍。

还有其他选择吗？

除了把企业开在商业街上，你可不可以采用可移动的售货车？也许可以从另一家小企业租一部分空间？在咖啡店内开一家小工艺品店可能是个双赢的选择。

采购物资

想一想如何及在哪里找到生产产品所需的物资。要寻找既安全又合乎道德的物资，并权衡是在本地采购，还是在全球采购。

选择供应商

选择供应商时需要考虑很多因素，包括产品的价格、安全性、质量、耐用性，还有供应商的可靠性。询问供应商都为哪些企业供货，是否拥有达到行业标准的证明文件。

直接从制造商或工厂购买物资会便宜些，但可能需要批量购买，而且最开始的订单可能需要支付押金。

经销商，也就是代表制造商分销产品的企业，可能会接受量小的订单，不过价格很可能高些。小生产商会提供个人服务，但无法保证连续供应、快速周转或符合所有相关的道德和安全标准。

可以参加贸易展会，在领英或类似的网站上结交业内人士，以此打探供应商的情况。拜访潜在的供应商，了解它们的运作方式，确保它们可以满足你的企业需求。如果从国外采购，那么要注意潜在的语言障碍，交流以简洁为上。

自制，重复使用，还是购买？

在有些情况下，不选择购买，而是自己制造产品可能更好。不过，也要仔细思量这些时间如果花在企业的其他方面会不会更好。采购循环使用的材料，成本可能更低，也是一种符合道德标准的选择。

重复使用

可重复使用的材料对环境有益，并且价格可能较低，但是要一直保证质量、数量和安全性可能是个问题。

本地的小供应商

从附近的生产商那里采购物资可以支持本地经济，而且送货距离也较短。但是，本地生产商的商品范围往往比较有限，而且价格可能更高。

进口商品

通过进口，你可以接触到最广泛的供应商和产品，但在供货速度和可靠性上可能会出现一些问题。有些国家可能会在一段时间内更改进出口条款。此外，与远方的供应商建立关系可能会更加困难。

- 看看是否需要特殊的许可证，如有些国家禁止在没有许可证的情况下进出口古董。
- 评估要支付的税款，并与供应商商定贸易条款。
- 与供应商商定交货日期和交货方式。
- 提前讨论潜在的问题。举个例子，如果货物未按时到达，那么接下来应该怎么办。
- 弄清楚如果运输时间延长，可能会对你的业务流程或客户产生什么影响。
- 调查道德标准：工厂的生产条件是否合规？供应商是否环保？
- 了解供应链的每个环节。

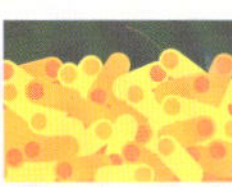

全国性的大供应商

需要定期批量订购的物资，从全国性的大供应商那里采购可能更容易。虽然价格比较便宜，但你的竞争对手可能也会买到同样的物资。

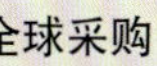

全球采购

从海外采购可能更加便宜，但交货时间可能更长，并且需要在物资发货前通过外包服务提供商进行检查。

外包

找专业人士帮你完成一些特定的工作会花费金钱，但可以节省时间，还可能增加你获得商业成功的可能性。

确定需求

要想让企业运转起来，看似有无数的事情要做，很多地方需要协调，比如，与客户打交道，处理账户，依法办理各种事务，提供产品或服务。不过，这一切都可以变得更加容易。你可以研究一下，看看外部的协助是不是一个很好的选择。

你可以找拥有特定技能的朋友和家人帮忙，还可以找为小企业提供服务的政府部门或民间组织，你还可以考虑花钱雇一位专业人士。不过，这种聘用可能是一次性的，如请网站设计师创建网站，也可以是持续性的，如请物流企业存储和运输产品。

这些主要取决于企业的类型。在家里创办的图文设计工作室可能只有在年末进行会计核算时会请外人帮忙，而餐馆可能会需要各种各样的服务。

须知

- 库存指已经生产或正在生产的产品，企业将会把它们卖出去。
- 物流指货物从生产地点到达消费者的过程，包括包装、分发和运输。
- 服务水平协议（SLA）是一份合同，其中列出了外包服务的类型和价值，以及年度维修等各种条件。
- 仓储指存储和管理将要发给经销商和消费者的产品。

第三方服务

对于新创办的企业而言，将支出保持在最低水平至关重要，从长远来看，专业人士提供的外包服务有助于节省成本。你可能需要各种各样的服务。一位独立的专业人员可以提供崭新的视角，指出问题所在，并提出解决方案。不过，在寻求外包服务之前，务必搞清楚企业的特定需求，对预算要有个概念。在做出决定之前先询问报价，然后对外包商进行深入调查。如果网上没有评论，那么可以索取它以前的工作案例和参考资料，切勿预先支付任何费用。

营销

如果你的企业需要专业的市场营销知识、特定的市场营销形式（如社交媒体），或你想发起一项超出自己能力的活动，那么就需要找专业的市场营销人员。

- 创建内容
- 管理社交媒体
- 开展电子邮件营销

网站设计和维护

定期的网站维护对于电子商务企业来说至关重要。企业可以将其外包给一位信息技术专家，他可能还会提供网站设计服务。对于那些对网站依赖性不强的企业而言，偶尔维护一下网站即可。

- 管理更新
- 网站托管
- 搜索引擎优化

信息技术

如果你偶尔或长期需要信息技术服务，那么自由职业者或代理专家可以改善计算机网络和操作系统，并尽可能提高网站的性能。

- 开发应用程序
- 实施新技术
- 排除故障

客户关怀

客户关系专家可以代表你及时对客户的电话或电子邮件做出回应，还可以在需要时提供售后跟进和数据管理服务。

- 处理销售问题
- 处理投诉
- 提供客户服务培训

物流外包

物流外包指当接到订单时，有人会处理订单，进行配送。它还涉及仓储、产品库存和保险。

- 仓储
- 管理库存
- 包装与运输

制造

除非产品是独一无二的，否则很少有小企业会投资建厂。较可行的替代方法是找一家制造商，它还可以为你的产品生产样品。

- 设计要制造的产品
- 生产零件
- 组装产品

薪酬服务

薪酬服务提供商会计算员工的薪酬，自动扣除应付的税款和保险，按月收取费用。聘用簿记员也是一种方法，他会计算工资和月度销售数据，收费更低一些。

- 管理薪酬
- 数据输入和处理
- 分发工资单

会计

会计师可以在你创业之初提供帮助，提交年度纳税申报表，提供月度或季度服务。因为这笔费用可以抵税，所以是最常见的一种外包服务。

- 准备报税表
- 处理每月销售数据
- 确保营业税的支付

法务支持和人力资源管理

律师可以帮助你起草商业合同和法律协议，还可以针对最新法规给予指导。人力资源顾问可以协助解决人员问题和合同。

- 起草许可合同
- 起草合作协议和租赁协议
- 准备员工合同

招聘

为某个职位寻找合适的人可能并不容易。招聘代理机构可以提供帮助，它们会提供候选人名单，收取一次性费用或按照新员工工资的一定比例收费。

- 为高级岗位猎头
- 提供合同工
- 人力规划

找到平衡

创业的过程可能令人兴奋，充满挑战，给你带来巨大回报，但一定不要忽视生活的其他方面。保持工作和生活的平衡至关重要。

划清界限

创业既令人兴奋，又有很高的要求。你必须付出时间和精力，但是工作时间过长有一定的坏处，会影响你的人际关系和健康。试着在工作和休闲之间划清界限。为了保持工作与生活之间的平衡，每天可以安排固定的工作时间：每天都在同一时间开始工作，同一时间结束工作，并确保有午休时间。如果你在家办公，那么在一天工作结束后，可以有点儿仪式感，如去游泳、散步、慢跑几圈，做好工作到休闲的过渡。

在家办公时要设定好办公区域。你可能需要一个专门的工作空间，最好是一个单独的房间或其他专门用于工作的区域。如果你有足够的资源，可以考虑建盖一间花园房用来工作，或在其他地方租一间办公室、工作室或商业空间。

如果你有员工，那么还要想一想如何帮助他们保持工作和生活的平衡。比如说，可以采取灵活的方法，更注重工作效率，而不是每天固定工作几小时。这种方法还有助于建立一个充满活力的快乐团队。

工作和生活的平衡

如果你因生活方面的事而分心，那么企业也可能会受损。同样，如果你一直工作，那么你的伴侣或家人也可能会有被忽略的感觉。但是，两者之间是有可能达到平衡的。约定好例行的事和良好的沟通，可以确保你的工作和家庭生活相辅相成，而不会发生正面冲突。

工作

- 每天都做好计划；会议要仔细做好时间管理，设定专门时间查看电子邮件或做其他事情。
- 尝试不同的方法来提高效率。
- 时机成熟时可以放权。

压力管理

- 一天当中要有固定的休息时间。
- 锻炼身体，这有助于你保持清醒的头脑，减轻压力，对新想法持开放的态度。
- 不要忽视饮食。垃圾食品会让你血糖飙升，这可能会使你感到饥饿和疲倦。
- 练习冥想或正念，并进行深呼吸练习，放松身心。
- 保持良好的睡眠习惯，以确保获得所需的休息。

30%的小企业主表示，每周工作超过50个小时。

某网站，2013年

如何做到

- 找一位导师诉说衷肠。地方商会和行业协会的团体会员可以提供同行指导或社交活动，与了解创业压力的人进行交谈可能会有所帮助。
- 继续参加社交活动，与朋友见面，这样会让你保持理性，客观地看待工作问题。
- 拟定时间表，将工作和休闲时间区分开来，按照时间表行事，监督工作和家庭之间的平衡。

家庭生活

- 与家人共度美好时光，但同时也要确保有自己的私人时间。
- 计划好周末和固定休息的时间，以便家人可以一起做点儿什么。
- 分担家务。

兼顾育儿

照顾孩子对于所有上班族父母来说都是一个挑战，自己创业的父母尤其如此。围绕照顾孩子的责任安排工作会有所帮助，这也是有孩子要照顾的人经常选择在家创业的原因。

- 不用朝九晚五地工作，可以选择在上午9点上班，在下午3点暂停工作，去托儿所或学校接孩子放学，然后和家人在一起，直到孩子上床睡觉后再开始工作。
- 当有紧迫的任务时，比如，有紧急的邮件要发送或要完成演示文稿，可以和其他家长或朋友轮流接送孩子上下学。

与家人和朋友一起工作

你可以与志同道合的家人和朋友一起工作，在创业的道路上取得成功。不过，建议你设定好规则和界限，保持专业的工作关系。

携手工作

与家人和朋友一起工作有很多好处。你们彼此了解，互相信任，在一起时更加轻松自在。你们都会从创业中受益，你们拥有共同的价值观，你们都希望可以获得成功，这通常意味着你们比其他员工更灵活，更愿意做出牺牲。但是，为了避免你们之间出现误解，破坏你们的关系，导致怨恨或失望，建议一定要制定准则，尽早实施。

面对问题

首先将团队召集起来，让每个人写下他们对新企业有哪些希望和疑

设定规则

你和家人、朋友之间的关系是非常私人化的，所以和他们一起工作既是一种乐趣，又是一个挑战。首先，要确定好每个人的角色和职责，这一点很重要。其次，你还必须确定细节，如假期津贴和报销流程。一起讨论企业的目标有助于提高团队的凝聚力，但你也需要有解决纠纷的能力。

各司其职

保持客观，想一想每个朋友或家人为企业贡献了哪些价值。有的人可能会提供资金，有的人可能会提供新产品或服务的创意，有的人可能人脉广泛。了解每个团队成员的优势有助于你们做好分工。与大家商定角色，并做好职位描述，对所有人一视同仁。

创建正式流程

征求团队成员的意见，就企业如何运作达成共识，其中可能包括投票权、奖励、假期津贴、报销流程。此外，还应该涵盖发生纠纷时如何处理，如两个人同时希望休假，这在家族企业中很常见。在决定所有流程后，要将决定形成书面文字。

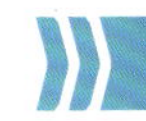

虑。每个人的希望和疑虑可能会有所不同，讨论这些观点，让大家有个更深入的了解。

你还应该创建一份章程，确定团队成员的角色和职责。此外，还要签订合法协议，写明每个人给企业投了多少资金，并确定如果创业失败，那么资产和投资将如何分配。

尽管友谊和亲情有利于营造良好的工作环境，但必须设定好界限，严禁特殊待遇。如果朋友或家人犯了错或做了违法的事情，可能损害企业利益，那么你要做出回应，做到一视同仁。若不采取行动，可能会给团队的其他成员树立一个不好的榜样。

与朋友和家人一起工作可能会充满乐趣，但是团队运作必须保持专业。良好的沟通对于解决纠纷和误解及应对企业发展过程中的变化至关重要。这种创业方式的优点是，所有人都是企业的既得利益者，把成功创业视为共同的目标。

须知

- 股份转让协议规定了股东如何出售股票，谁可以购买股票，以及在什么情况下可以出售股票。
- 企业主会议指企业主聚集在一起讨论企业的目标和方向，并将会议精神传达给董事会。
- 继任计划确定了当你因故无法工作时由谁来领导企业。没有继任计划，企业可能会以失败告终。

“……对我来说，成立家族企业并且和家人一起工作是值得的。”

印度巴拉特锻造企业的巴巴·卡利亚尼（Baba Kalyani）

建立共同目标

与大家讨论企业的目标，以及你觉得可以实现这一目标的战略和战术。确保每个人都有机会发表自己的想法，并确保所有团队成员都知道自己需要做什么。当你与朋友和家人一起工作时，很容易假设他们和你有一样的想法，但每个人的想法可能会稍有不同。

避免并解决冲突

良好的沟通对于避免冲突至关重要。如果出现问题，那么要详细地加以讨论。不要急于做出判断，听听朋友或家人的意见。如果可能的话，创建解决严重冲突的流程。劳累过度会使人烦躁，所以要记住，在家族企业工作的人和其他企业的员工一样，都需要时间放松和享受生活。

2 创业之初

起名

第一印象很重要，因此在给企业起名时要慎重考虑。想一想如何起一个能够描述企业的朗朗上口的独特名称。重要的是，要让人记住，这样有助于你在竞争中脱颖而出。

起对名称

因为客户首先注意到的可能是企业的名称，所以起对名称至关重要。想一想名字是否应该体现企业提供的产品或服务，体现企业的价值观或品牌个性。

想要建立个人品牌的个体经营者可能会在给企业起名时用上自己的名字，并体现企业的业务。面对本地客户的企业可能会在名称中加上地域名称。

正式的名称会让人觉得可靠可信，但可能缺乏吸引力。企业名称应该简单、朗朗上口、容易记住。一个有趣、巧妙或幽默的名称可能会引起人们的注意，但一定要谨慎，因为文字游戏不是所有人都能看懂的，有些人还可能因此而不认真对待你的企业。

在行业内进行调研，以确保你首选的名称没有人用过。如果它与其他企业的名称或商标相似，那么你就需要更改，否则将会面临高昂成本的诉讼。

???

好名称的构成要素

最好的名称往往因为容易理解、能联想到好的事物而令人难以忘记。这样的名称说起来、写起来都很容易，并且应该是企业的一笔财富。如果你打算开展全球贸易，那么还要看一看企业名称如何翻译成其他语言。

独一无二

企业的名称必须是独一无二的，这样才能避免法律问题，也不会和其他品牌发生混淆。想一想是否可以创造一个新词，例如，宜家（IKEA）是其创始人的姓名、生长的农场和家乡名称的首字母缩写。

简单

音节较少的简单名称更容易被记忆和搜索，如Skype或推特（Twitter）。客户碰到较长的名称，可能会将其简化为不太好听的版本。不常见的拼写也可能会弄巧成拙，所以一定要注意。

注册企业名称

一旦选好了自己满意的、认为可以采用的名称，就应该将其注册为商标，以防止他人使用相同或相似的名称。这是单独的一步，与合法成立企业并用所选的名称进行交易不同，后者通常由不同的政府机构受理，这具体取决于企业的成立地点。

一般来说，企业名称都以一定的后缀结尾，如英国的“有限公司”（Ltd）和美国的“公司”（Inc.）。无论你是个体经营者还是其他组织，都应该为你选择的名称搭配一个顶级域名：.com、.co.uk、.au，也就是你企业网站的网址。网址与企业名称不必一模一样，但两者越接近越好。虽然域名需要付费，但注册后的使用权就归你所有了。

注意

- 在国家商业登记系统中搜索，看看你准备用的名称是否已被占用。个体经营者可以查询相关网站公布的名册。
- 查看商标注册和知识产权局的网站。
- 查看域名，因为你无法注册已经被使用的域名，社交媒体也是一样的。

描述性

你可以在确定企业名称之前列一张表，上面写上描述企业的词汇。脸书（Facebook）、微信（WeChat）和网飞（Netflix）这些名称都能表现出企业的宗旨或功能。

有含义

背后有含义的名称会让品牌故事更加引人注目。例如，乐高（LEGO）在丹麦语中的意思是“玩得快乐”，Hotmail的名称源于HTML——一种用于编写网页的语言。

不同寻常

看起来与企业性质完全无关的名称也可能大获成功，因为它们可以引起人们的注意。亚马逊（Amazon）、苹果（Apple）就是很好的例子。

头韵

使用头韵会让名称很有趣，也是一种让人们记住企业名称的方式。头韵指以相同的音或字母开头。例如，可口可乐（Coca-Cola）和抖音（TikTok）等品牌就是通过这种方式脱颖而出的。

发展品牌

品牌是帮助企业脱颖而出的工具。你可以通过创建和完善自己的品牌，告知客户企业是做什么的，有什么与众不同之处。

创立品牌

品牌并不仅仅是用于广告的徽标或设计。它是一种将企业宗旨和价值观传达给客户的方法。

举个例子，假设一家创业企业开发了一种仅由有机成分制成的新果汁饮料。为了促进销售，企业可能会宣传该产品有益健康，合乎道德，符合可持续性发展的标准。企业将这些价值观融入自己的品牌，从而将产品的优势传达给客户。除价值观外，该品牌还可能体现出某种个性，如让人觉得充满活力的外包装。

不过，你必须保持一致和真实。比如，如果客户发现饮料中含有人工成分或其来源不符合道德标准，那么他们可能会对你的品牌失去信心。

可以将品牌注册为商标，这是明

确定品牌

想一想你的客户在寻找什么，你可以提供什么，你的企业代表什么。确保这些问题的答案是一致的。品牌传达的是企业的价值观，如合乎道德。此外，品牌还会表现出企业的“个性”，即公众对企业品质的认知。

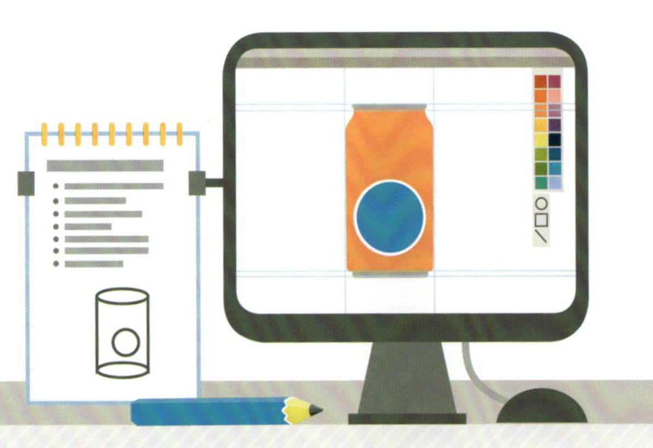

提出概念

想一想客户从你的产品或服务中能收获什么益处，然后想一想你希望客户把你的品牌和什么概念联系起来，如“传统和可靠”“精致和独特”“粗犷”或“大胆”。

选择品牌个性

品牌个性指你希望人们会把你的品牌和什么样的人类特征联系起来。如果你的目标群体与运动有关，那么你可能希望品牌个性体现出活力和生机。

智之举，这样竞争对手就无法模仿，也无法对你的企业造成影响。

个人品牌

创立个人品牌对自由职业者和承包商来说也非常有益。品牌是你向同事和客户展示自己的一种方式。就像商业品牌一样，个人品牌既包含外观，又涉及你的行为。如果要让人们信任你，那么你必须做到真诚一致。

品牌识别

1996年，法国营销战略教授让-诺埃尔·卡普费雷（Jean-Noël Kapferer）发明了品牌识别棱镜，他认为有六个因素对品牌识别至关重要。

物质 品牌的外观、材料和品质，包括包装和颜色。

个性 如果品牌是人的话，那么会是哪类人。

关系 品牌与消费者之间的纽带，这对于零售商和服务业尤为重要。

文化 建立粉丝群体，与品牌的原产地密切相关。

反映 外部镜像——消费者认为品牌针对哪类人。

自我形象 内部镜像——企业如何看待自己的品牌。

视听元素
使用能引起客户共鸣的符号、短语和声音。

品牌名称
选择一个反映品牌概念的名称，使其既与众不同，又令人难忘。

设计与包装
选择一种可以反映企业形象和价值观的风格。如果是环保企业，那么要选择可回收材料。

标语
用几句话来概括企业，做到简短生动。

传达品牌形象

广泛征集意见，想一想你可以通过什么方式把品牌传递给潜在客户，比如，醒目的设计、独特的徽标和令人难忘的口号。要记住，你可能需要在不止一个媒体平台上传播品牌。

培养关系

发展品牌实际上就是与客户建立持久的关系。如果你的品牌的概念、个性和价值观能让客户感同身受，他们就会忠于你的品牌，优先选择你的品牌。确保你所做的一切都会加强这种关系，而不会损害它。

讲故事

人们喜欢从能反映他们信念的企业那里购买产品。围绕品牌讲好一个故事，会鼓励客户与你建立联系，提高他们的忠诚度。

提升品牌

品牌故事不仅讲述你如何开始创业，还揭示你这样做的原因和动机，并凸显背后的含义。

当人们选择一种产品或服务时，他们既可能基于情感做出决定，又可能基于逻辑做出决定。尽管客户在选择时会考虑价格、质量和实用性，但很多人还是愿意从他们喜欢和尊重的个人或企业那里购买产品。

如果你可以通过讲故事的形式把企业的特征传达给客户，那么这有助于将你的产品或服务与竞争对手的区分开来，同时可以提高客户的信任度和忠诚度，以赢得更多的回头客。一个打动人心的故事会更容易让人记住你的企业，这比徽标和标语更管用。以人为核心的故事还会吸引潜在员工。

塑造故事

创作一个有效的品牌故事，需要

如何讲好故事

你的品牌故事必须能吸引观众的注意力，并让他们从始至终都保持兴趣。如果你卖的是符合道德标准的商品，那么要说明原因，讲一讲所见所闻，是什么激发了你。故事要简洁真实、引人注目、独具一格，这样才能吸引目标群体。

> “如果人们喜欢某个品牌故事，那么其中55%的人未来更可能会购买该品牌的产品。”
>
> **《品牌故事报告》，Headstream，2015年**

构思故事

从本质上讲，你的故事必须囊括企业的起源和核心价值观。想一想激励你的那个问题或个人目标，以及如何解决那个问题或实现个人目标。描述一下目前你的企业如何满足这些期望，并将其与你的未来愿景结合起来。

时间和计划。首先，问问自己创业的动机是什么，也许是因为你找不到自己想买的东西，才决定自己制造；或者是因为你特别喜欢某个产品或服务，希望惠及更多的人。除潜在的金钱回报外，想一想创业有哪些让你感到兴奋的事情，把能够表达自身情感的词语写下来。

想一想你的客户。当他们从你这里买东西时，你希望他们有什么样的感受？你希望他们如何评价你的企业？留意这些问题的答案，并反复回顾。然后，你可以将记下的元素编织成一个积极而令人信服的品牌故事。

注意

- 请勿作假。如果你的故事不真实，那么当真相大白时，客户将不再信任你，你的品牌也会受到损害。
- 专注于企业与众不同的地方。你的故事必须拥有独特性，以能够在竞争对手中脱颖而出。
- 确保日常经营符合你所讲的故事，反映出品牌背后的信息。
- 鼓励同事理解和接受企业要传递的核心信息，以及想要传达给客户的价值观。

定位目标群体

并非所有人都会成为你的客户，也并非每个人都认同你的价值观，所以你的故事要瞄准那些会成为你的客户的人。利用你所获得的市场信息和潜在客户的信息来打造你的品牌故事。举个例子，如果你已经确定你的客户很可能是有家室的人，那么就把家庭元素编织到你的故事里。

口口相传

在客户经常使用的社交媒体网站上分享你的品牌故事。如果你的企业有网站，那么在上面发布与品牌故事有关的消息、图片和视频。随着客户的增多，你要积极地与他们互动，与他们建立更紧密的关系。你可以试着获得“网红”的支持，他们会与关注者分享你的故事。

营销组合

在策划产品发布或营销活动时，需要考虑四个关键要素，即产品或服务本身、价格、促销方式和渠道，它们构成了营销组合。

利用营销组合

不管你的产品或服务有多么不同凡响，它的成功都取决于销售。为了提高销量，你需要采用有针对性的营销方法，它由四个要素组成。首先是你的产品或服务本身，它能给客户带来什么。其次是价格结构，它反映了目标市场能够接受的价格。再次，你必须确定如何推广产品，以及在何处用何种方式进行促销。这四个要素中的每一个都很重要，你可以用其来说服目标客户，让他们相信你的产品或服务正是他们想要的，也是他们所需要的。

4P：以企业为核心

产品、价格、促销和渠道这一营销组合以企业而非客户为导向。

产品

- 产品的设计、尺寸、功能、颜色和包装是否对客户有吸引力？
- 产品提供哪些独特的好处和解决方案？
- 与竞争对手的产品相比如何？

价格

- 这类产品的价格一般是多少？
- 根据客户对产品价值的感知，客户愿意付多少钱？
- 价格的细微调整会对销量和利润产生什么影响？

4C：以客户为中心

客户、成本、沟通和便利强调的是客户影响着营销组合中的各个要素。

客户

- 是否知道客户想要什么和需要什么？
- 营销材料和产品本身是否可以解决这个问题？

成本

- 什么会吸引客户？高质量，还是低成本？
- 客户出于质量还是自己的预算决定购买此类产品？
- 目标客户会认为它物有所值吗？

产品（Product）、价格（Price）、促销（Promotion）和渠道（Place）构成了4P，也就是传统的营销组合。如今，很多企业使用更新版的4C组合，即客户（Consumer）、成本（Cost）、沟通（Communication）、便利（Convenience）。这种组合表明，企业越来越重视客户及其体验，越来越想寻找利基市场而不是大众市场。要想做好营销，你必须定义并分析你的目标市场，然后检查营销组合中的每个要素，以确保它们能够吸引客户并满足他们的期望。

> “4P关注的是‘营销人员想说什么’，而4C关注的是‘客户需要从营销人员那里听到什么’。”
>
> 4C营销组合的创始人罗伯特·F. 劳特朋（Robert F. Lauterborn）

促销

- 哪种营销渠道和材料组合最有效？
- 客户通常更喜欢哪种类型的促销活动？
- 客户什么时候最有可能对促销活动做出回应？

渠道

- 客户喜欢在哪里购买此类产品？
- 首选哪个分销渠道？是网店、实体店，还是购物目录？
- 该产品如何从同一区域竞争对手的产品中脱颖而出？

7P

有些企业在4P的基础上发展出了一种新的模式，其中多了3P：

- **人员（People）**：他们是不是建立了团队的理想组合？他们能否超越客户的期望，并提供最佳服务？
- **流程（Process）**：订单处理、客户投诉和查询系统是否已经建好，并且十分有效？
- **有形展示（Physical evidence）**：销售产品的渠道或网站是否足够吸引人？

沟通

- 哪种类型的信息会得到最佳的客户响应？
- 哪些营销信息会激发客户的兴趣？
- 客户喜欢通过哪种方式接收营销信息？这些信息与他们相关吗？

便利

- 繁忙的客户是否可以很便捷地找到、购买和使用产品？
- 如何使这一过程尽可能简单明了？

7C

在4C的基础上，有些企业又加了3C：

- **企业（Corporation）**：企业结构、竞争对手或利益相关者是否会过度影响营销的动力和结果？
- **商品（Commodity）**：是否已经设计并开发商品？商品是否满足或超过了客户的期望？商品的设计、尺寸、功能、颜色和包装如何，以及为什么吸引特定的利基市场？
- **环境（Circumstances）**：企业能否应对可能影响销售的外部不利因素？

销售过程

你可能已经开发出了十分出众的产品或服务，但你还得把它们卖出去才行。为此，你需要了解销售过程，知道如何与客户建立关系以促进销售。

销售渠道

有很多渠道可以把产品或服务推向市场，以便客户购买。从在线销售、零售到直销，再到通过第三方销售，销售渠道可谓十分广泛。在你决定哪种渠道最适合企业之前，要仔细思考一下人们为什么会购买你提供的这种产品或服务，以及他们会从哪里购买。此外，你还要考虑产品或服务的质量。如果客户能够看到并体验你的产品，那么他们是否有可能购买？是否可以在网上购买？

无论你采用哪种方法，销售时都应遵循一些基本原则。你要了解客户，并用客户能够理解的方式与他们交流。如果你的目标是把一项技术卖给不精通技术的人，那么要用他们能理解的话。如果你选择面对面销售，那么不要不停地介绍你的产品为什么这么好，而要倾听客户的声音，让他们知道自己的意见很重要。

履行订单

一旦成交，你就需要履行订单。想一想客户的期望，比如，他们期望何时收到产品，并使流程变得简单明了。你可能会接单，并且自己负责发货。但是，随着业务的增多，你可能需要把这项工作外包给第三方，如电子交付企业。

销售漏斗

你可以把销售过程想象为一个漏斗——这个漏斗涵盖潜在客户在购买之前所经历的各个阶段，每过一个阶段，他们就离购买更进一步。在漏斗的顶部，有大量的潜在客户，但越往下，人数越少，最后剩下的是实际购买产品的人。你的任务就是确保漏斗中有足够的客户，可以为你的企业创造足够的销售额。

注意

- 定价是销售过程中最重要的一步。弄清客户真正看重的是什么，并做好调整价格的准备。
- 关注现有客户，因为他们未来最有可能继续为你带来销量。
- 针对不同类型的客户，采用不同的话术，具体取决于客户的个人购买行为。不要对所有人说千篇一律的话。
- 不要对客户的声音置若罔闻，你的企业将从他们的意见中受益。

> “我们做企业的就是要服务客户，他们永远是对的。”
>
> 印度在线市场Little的首席执行官
>
> 马尼什·乔普拉（Manish Chopra）

1 认知

在这个阶段，潜在客户会注意到你的产品或服务。通过博客、社交媒体、广告、产品展示等活动来提高他们的认知。关键是把他们的注意力集中在你的企业上，而不是其他企业上。

2 兴趣

一旦获得关注，就需要引起客户的兴趣，这样他们才会保持关注。想一想如何说服他人花更多的时间在你的产品上。为了做到这一点，可以想一想你正在帮助潜在客户解决什么问题，并专注于此。

3 决定

在这个阶段，潜在客户正在认真考虑是否购买，可能会对比其他选择。你要使用支持材料以消除他们的任何疑虑，从而帮助他们做出决定。你可以提供感到满意的客户的评价或对比其他产品。

4 行动

一旦潜在客户做出了决定，就要鼓励他们采取行动。清楚说明他们可以如何购买，并确保购买过程尽可能简单。

线上销售

线上销售可以带你走进更广阔的市场，同时还可以节省维持实体店的费用。你可以使用多种在线平台向客户销售产品。

线上商机

在网上销售产品有明显的优势，比如，可以避免维持实体店的费用，可以在白天或晚上的任何时间交易，还可以进入更广阔的市场。不过，你也会面临挑战，如客户在线搜索时找不到你的产品。此外，你要与网上成千上万种产品竞争。

要想进行线上销售，有几种选择：建立自己的网站；使用电商平台搭建服务；把产品托管给在线市场。

使用第三方网站

如果你选择创建自己的网站，那么外观和功能完全在你的掌握之中。不过，自己建网站需要时间、金钱和专业

选择平台

线上销售有多种方式，每种方式都各有利弊。选择什么平台取决于具体的产品。如果你提供的是个人服务，那么最好使用自己的网站。如果你的产品价格高昂，那么你可能希望选择佣金较低的电商平台搭建服务商。你甚至可以在不同的在线市场上销售各种产品。

2018年，全球电子商务零售额达到**2.8**万亿美元。

数据统计机构 Statista，2018年

自己的网站

如果建立自己的网站，你就可以创建反映品牌的虚拟购物体验。你还可以使用额外的软件，让网站实现安全付款、处理发票和发货等功能。

利

- 专用于推广自己的独特品牌。
- 必要时容易更改，可根据购物者的使用方式进行更改。
- 无须担心内部算法会变化。
- 通过搜索引擎优化轻松定制网站结构以提高可搜索性。

弊

- 在线维护、营销和托管需要时间和金钱。
- 需要技术知识才能创建和维护网站。
- 付款和数据安全必不可少，这也是你的责任。你将对任何违规行为负责。
- 较大的竞争对手的网站更容易找到，可能会为客户提供更好的购物体验。

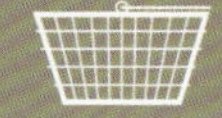

知识。Shopify和Wix等网站搭建服务提供商有现成的网站模板，你只需把内容拖放进去即可。此外，他们还提供安全支付系统、客户数据保护，以及诸如购物车、搜索栏、愿望清单、查看已选产品等服务。

你还可以在大型在线市场上销售产品，如亚马逊、亿贝（eBay）、易集（Etsy）或脸书（Facebook）。这些平台还有必要的基础架构。无论你选择哪种方式，客户只有在看到和读到自己喜欢的内容时才会购买你的产品。确保产品描述清楚准确，配上真实且有吸引力的图片。

搜索引擎优化

如果你是在自己的网站而非第三方平台上销售商品，那么潜在客户能否看到你的网站完全取决于你。大多数人会使用谷歌等搜索引擎进行搜索，搜索引擎会根据搜索的关键字呈现出一系列结果。因为大多数人只会查看前几个结果，所以各大网站竞相争夺列表顶部的位置。你有很多方法可以进行搜索引擎优化，以提高自己网站的排名。

电商平台搭建服务商

这些服务商专门从事电子商务行业，会免费或收费提供软件服务。你可以选择一个模板，填上信息，创建自己的网站。你还可以使用购物车系统来销售、配送和管理产品。

利

- 易于搭建，几乎不需要任何技术知识，也不需要持续维护。
- 一般提供多种语言，可以吸引全球受众。
- 提供安全的支付系统和数据系统及其他电子商务工具，还提供一定的担保和保险。

弊

- 需要交纳费用，可以交纳订阅费，也可以根据销售交付佣金，一般为2%～5%或者更高。
- 客户服务条款和条件由服务商设定，没有灵活性。
- 网站结构由服务商设定，可能没有进行搜索引擎优化。
- 设计仅限于提供的模板。

在线市场

这些网站就像巨大的在线超市，拥有全球各地数不胜数的产品。要在这些网站上销售产品，你只需要创建一个账户，有时需要选择一个销售计划，然后列出你要卖的东西即可。

利

- 无须创建或推广网站。
- 更容易推销产品。
- 市场庞大，可以接触全球客户。
- 多语种，适用于不同货币。
- 各种电子商务工具配备齐全。

弊

- 卖家太多，很难脱颖而出。
- 商品卖出后收取的佣金很高，可能高达45%，具体要看网站和所卖的商品。
- 网站结构和交易条件是固定的，可能不适合你的企业。

提供服务

如果客户购买了服务，那么他们基于的是信任：与购买产品不同，他们付钱时，看不到也摸不到所买的东西。你提供的服务必须在各个方面都达到或超过客户的期望。

做出承诺

如果你提供的是服务，就需要用自己的技能和知识满足客户的需求——你和你所提供的服务必须满足他们的期望。因此，与提供产品的企业相比，你与客户之间的关系更紧密，也更重要。当你提供服务时，你就是在承诺为客户做一些事情，以满足他们的需求。

为了经营好一家服务型企业，你必须彻底了解客户的要求，尽一切努力使他们享受良好的购买体验。你还必须表现出自己是值得信任的——你会兑现承诺，甚至有望超越承诺。调查并分析客户必须经历的各个阶段，从看到营销材料，到使用你所提供的服务及售后满意度。

客户的期望

在计划创业时，要始终站在客户的角度考虑你要提供的服务。举个例子，如果你打算开一家宠物美容店，那么想一想你自己希望从这样的美容店获得什么样的服务，也就是说你乐于接受什么样的服务，还有什么样的服务会让你再次光顾。如果你打算针对特定的客户群，如年龄较大或比较富裕的人群，那么请仔细研究他们的需求，因为他们的需求可能非常具体。

当客户购买你的服务时，你一定要对客户将要享受的服务一清二楚。为了确保信息清晰，可以撰写服务水平协议。服务水平协议规定了你与客户在服务质量、责任和实用性等方面达成的一致。

如何做到

- 第一次提供服务后要与客户保持联系，可以给他们发送有用或有趣的企业刊物。
- 继续寻找提升服务的方法，及时了解行业动态。
- 定期体验竞争对手的服务，看看他们在做什么，思考如何超越他们。
- 立即解决问题，把事情办好。
- 保持工作热情，让客户因体验你的服务而感到兴奋。
- 关注你可以提供的相关服务。比如，你是私人健身教练，那么你还可以提供运动按摩服务或营养建议。

制胜之道

与客户保持牢不可破的关系，对于成功经营服务型企业来说至关重要。你要把建立关系看成一个持续的过程，这对于发展忠实的客户群来说很关键。花一些时间来了解客户的需求。要知道，客户的需求随时会发生改变，你应做好相应的准备，寻找改变、提高或增加服务的方法，让客户的兴趣只增不减。最重要的是，一定要诚实守信，因为这种关系依赖于信任，一旦失去很难再建立。

产生信任

如果你实事求是地说明自己能做什么和不能做什么，客户就会信任你。如果你无法提供特定的服务，那么可以推荐其他可以提供这种服务的企业。潜在客户和你推荐的企业都不会忘记你。

超越期望

了解客户，关心客户，提供个性化服务。承认错误并道歉，提供无理由退货服务。给客户带去惊喜，比如，可以发送生日祝福，甚至一份小礼物。

从经验中学习

建立客户忠诚度

要想赢得忠诚的客户，关键因素在于服务质量。要想做到这一点，可以提供优质的客户服务，还可以为老客户提供激励措施，比如，折扣、特价服务、宽松的付款条件或其他奖励。

了解客户的需求

不要假设自己知道客户想要什么。让客户提供反馈，并和他们一起讨论改善服务的想法。这件事要定期做，这样你提供的服务可以不断发展，满足客户不断变化的需求。

容易相处

对客户要热情友好，让他们感觉轻松自在。及时回复来自客户的询问。确保客户可以很容易预订、付款甚至取消服务。如果客户觉得控制权在他们手里，就会更愿意购买服务。

支付方式

要想让企业获得成功，电子付款方式必不可少。你需要提供几种付款方式以供客户选择，这样可以提高他们购买的可能性，减少销售流失的情况。

电子支付

为了提供电子支付方式，使客户可以在线下或线上使用借记卡或信用卡付款，你需要在商家服务提供商处开设一个账户。商家服务提供商会允许你使用他的电子付款系统，不过你要交纳一定的费用。商家服务提供商会提供支付网关（用于线上交易）和刷卡服务（用于线下交易）。他相当于中介，将客户的资金来源（通常是银行）与你的开户行或其他类型的金融账户联系起来。有些商家服务提供商既提供支付网关，又提供刷卡服务。如果是线下交易，那么你需要付款处理器和支付终端。支付终端可以读取客户的借记卡、信用卡或手机钱包。商家服务提供商很容易找到，他会为你的企业和客户带来很大的便利，让你交付的服务费用物超所值。

当然，不在商家服务提供商处开设账户其实也可以，比如，让客户直接把钱转到你的企业银行账户上。不过，商家服务提供商不仅可以提供广泛的付款方式，还有助于简化付款系统，帮你轻松实现退款，并承担客户想要撤销交易的某些风险。

电子支付系统的工作原理

随着人们使用现金的次数越来越少，电子支付正迅速成为购物时的主要支付方式。电子支付指通过电子媒介进行的无纸化交易。电子支付几秒钟内就可以完成。在这极短的时间里，客户的开户行和你的开户行会通过支付网关或处理器建立联系。如果客户的账户里资金充足，交易就会获准，一般来说支付随后即可完成。此外，你可能还希望接收加密货币，比如，你可以选择一个比特币支付服务提供商（PSP），并开设一个比特币账户来接收比特币。客户用他们的比特币钱包支付，交易完成后比特币可以兑换成本地货币。

1 客户提供账户信息

客户将银行卡插入终端机刷卡，或将银行卡、手机贴近终端机付款。如果是在线购物，那么客户会输入银行卡或电子钱包的详细信息。

2 发送授权请求

商家服务提供商收集交易数据，并通过支付网关或处理器发送安全请求，申请向卖方支付款项。

3 请求通过或被拒

如果客户的账户资金充足，那么客户的开户行会通过请求；如果资金不足则会拒绝请求。

线下支付方式

并非所有人都喜欢在网上购物。因此，如果你可以提供多种付款方式，那么丢单的机会就会减少。

- **银行卡支付：**客户下单时将银行卡中的钱转入你的企业账户。
- **货到付款：**快递员送货时替你收取现金。
- **支票或汇票：**客户把支票或汇票寄给你，你将其存入银行，等待结算。
- **向代理商付款：**合作伙伴代你向客户收取费用，同时收取一定比例的服务费。
- **跨境支付平台：**这是与合作伙伴共享的一种计算机程序，可以直接实现跨国支付。

须知

- 收款银行是卖方的开户行，接收来自客户开户行转来的资金。
- 数字钱包是人们能够将开户行的详细信息存储在云端从而实现在线支付的一种软件。贝宝（PayPal）和谷歌支付（GooglePay）都属于数字钱包。
- 付款银行是给客户发放借记卡或信用卡的银行。
- POS机系统是一种软件，零售商通过它可以接收客户的付款、开具发票、管理数据和库存。
- 支付服务提供商是支付网关和商家服务提供商的集合体。
- 白标平台是一种即用型计算机程序，可以使销售和支付系统实现自动化。

69%的客户由于可选的支付方式少而放弃了购买。

贝马德研究所（Baymard Institute）消费者调查，2019年

4 发送授权通过或拒绝的信息

授权通过或拒绝的信息通过支付网关或处理器发送回去。卖方看到消息后完成订单或拒绝订单。

5 交易送交结算

商家服务提供商可能会等待多个客户交易后，再将其发送到各个银行，请求支付应付款项。

6 将钱转给卖方

客户的开户行会针对每一笔交易将正确的金额转给卖方。

履行订单

如果你的企业要销售和交付产品，那么开发一套高效的系统来完成订单至关重要。如果可以顺利完成订单，那么客户将会珍视你的可靠性，你的品牌也会赢得客户的信任。

满足客户期望

在过去的十年中，从销售到交货，订单管理水平不断提升，客户对快速便捷收货和轻松退货的期望越来越高。客户在订单各个阶段的体验都会极大地影响他们的购买行为。因此，一家新的零售企业需要确保从接单、打包到发货的整个过程尽可能快速高效。

要想做到这一点，一定要确保库存充足，并尽可能存放在离办公地点最近的地方，这样更便于打包和发货。自始至终都要仔细记录。最初，你可能要用多个电子表格来记录收到的订单和成本，查看并更新库存，设置交货日期，以便客户知道何时能够收到产品。

但是，随着在线订单的不断增多，你可能需要订单管理软件的帮忙，或者你可能觉得将全部或部分流程进行外包更为有效，更能保持高水准的客

过程管理

基本的订单管理系统应该具备如下功能：快速处理订单；确认已收到订单；手动或以其他方式记录订单；与制造商、客户等所有相关方进行沟通。此外，跟踪库存（产品和材料）也很重要，这样你才能知道需要多少库存来满足客户的需求。各个阶段要做好协调，确保整个过程顺利进行。

接收订单

客户下单时，要检查是否有库存或何时有货。确认后，给客户发送电子邮件，提供订单号并告知预计的到货日期。

制造或调取产品

制造产品或从现有库存中调取产品，同时更新库存，制造或订购更多的产品以满足未来的需求。仔细打包，贴标签，并准备寄送。

户服务。

从存储到发货，电子履单企业可以为在线销售提供各种服务。它们还会为小企业提供量身定制的服务。

如果你觉得电子履单是一个颇具吸引力的选项，那么一定要仔细甄选，以确保成本在可控范围内，并且这家企业的价值观、服务和运营与你的品牌非常匹配。

须知

- 履单管理指对订单履行过程进行监督，涵盖从售前咨询到产品交付的全过程。
- 电子履单指在线销售产品或服务的流程。
- 仓库库存指企业将要出售的所有货物和物料。

60%的人选择从交付方式最好的在线零售商那里购买商品。

《电商快递报告》，英国MetaPack集团，2017年

递送包裹

选择适当的交付方式。如果客户住在本地，那么可以派人直接送过去。如果客户不在本地，则可以通过邮寄的方式送货。贵重物品需要保价，或者购买货物运输保险。

通知客户

包裹寄出时要通知客户。如果需要，在交货当天与客户联系，确认地址、时间，以及有没有其他特殊说明。包裹中应包含退货说明。

初始成本

你需要花钱购置物品才能让企业运转起来。想一想哪些东西是现在就需要的，哪些东西可以等着以后再置办，在必备物品的成本和可用资金之间做好平衡。

评估自己的需求

每家企业开业前都需要准备不同的东西，因此你需要一份购物清单，上面列有哪些东西取决于企业所在的行业、位置和商业模式。算一算开业所需的初始成本，它们可能包括购置物品的钱（如库存和设备），还包括一次性支出（如申请许可证和创建网站）。要记住，企业起步后，还会有持续的支出。

并非所有东西都得买，有的东西可以租或与其他企业共享。此外，还可以考虑购买二手货，价格更便宜，也更环保。

购买还是租赁

有一些必不可少的东西可能非常昂贵，如办公场所；有些东西可能需要不断更新，如设备或软件。在决定需要购买哪些东西时，先想一想是租还是买，哪种方式更合理。如果你决定购买，那么这些东西的拥有权就掌握在你的手中，但前期成本较高，并且需要支付日常的维护费用。如果你选择先租赁一段时间，那么费用会分摊开来。这样在开始时你就避免了较大的支出，并且这些支出也许可以抵税。如果要购置的东西很可能会过时，那么租赁也是一种颇具吸引力的选项。不过，如果某些东西是你长期使用的，那么购买通常比租赁的成本效益更高。

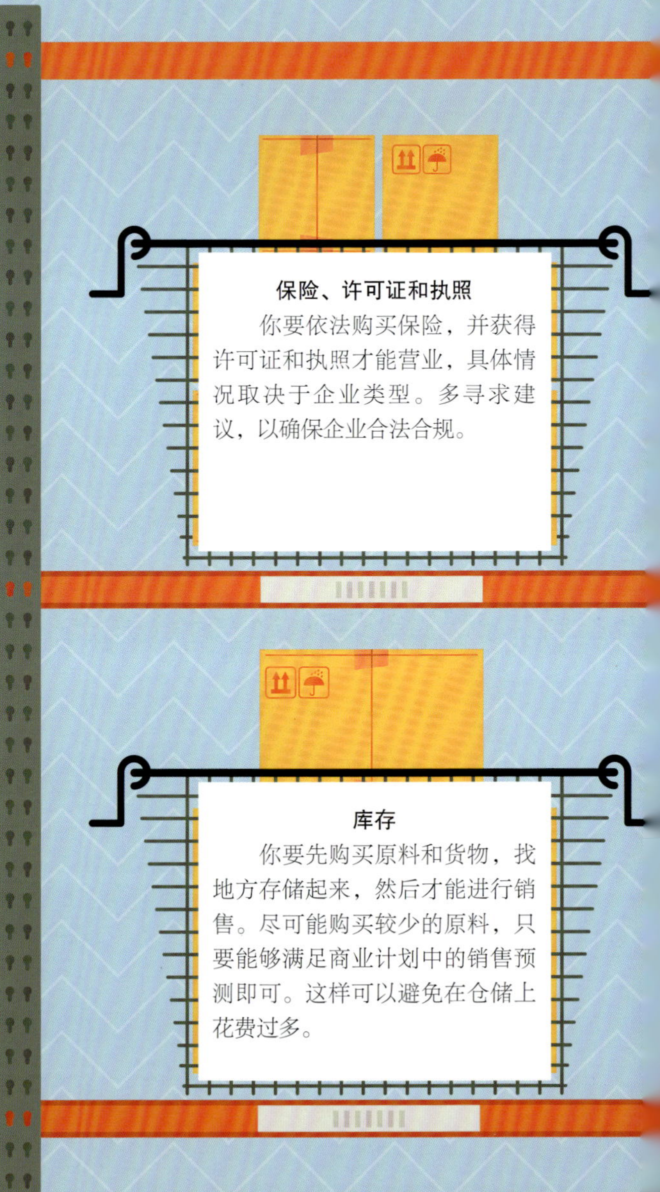

保险、许可证和执照

你要依法购买保险，并获得许可证和执照才能营业，具体情况取决于企业类型。多寻求建议，以确保企业合法合规。

库存

你要先购买原料和货物，找地方存储起来，然后才能进行销售。尽可能购买较少的原料，只要能够满足商业计划中的销售预测即可。这样可以避免在仓储上花费过多。

准备办公场所

无论办公室，还是店铺，如果你的企业需要办公场所，那么你都需要准备好预付款。相关费用可能包括押金和租金、健康和安全检查费、装修费。

公用设备

办公场所需要安装水电和电信设施。许多公用设备提供商向企业用户提供价格优惠的安装服务，因此在决定之前要货比三家。

设备

不管是咖啡机，还是剪刀，任何企业都离不开设备。列出需要的设备，尽可能减至最少，看看预算是否够用，以避免不必要的开支。

技术与IT

除电脑和软件外，你可能还需要特定的技术和信息技术的支持，具体取决于企业的情况。这可能会涉及大笔投资，因此可以考虑购买二手货或者选择租赁的方式。

营销与品牌

你需要设计品牌和营销策略。提前算好聘请平面设计师创建徽标和开展促销活动需要花多少钱。

网站

你可能需要租网站域名，需要网络托管服务，需要聘请网页设计师。要做好网络安全防护，保护网站及其访问者的隐私。

需要花多少钱

计算企业的启动成本可不是一件容易的事。你需要采取系统的方法，将支出分门别类地列出，然后计算哪些地方确实需要花钱、哪些地方不需要。

确定潜在成本

让企业运转起来需要花多少钱呢？精确的计算是至关重要的一步。这样做有助于你评估企业能否顺利度过最初的几个月，还可以清楚地知道是否需要筹集更多的资金。我们可以将启动成本分为三类，资产、初始成本和定期的持续成本。接下来，你需要将其与第一年预估的月收入进行比较。通过比较，你会对企业的财务状况有一个清醒的认识，它还会提醒你一年当中可能出现的高峰和低谷，并预测企业何时可以达到收支平衡，然后开始获利。

估算启动成本

创建一个电子表格，这样，企业营业后会产生的三种主要支出就会一目了然。在第一列中记录资产及其成本，还有开始时你在银行里需要有多少钱。在第二列中逐项列出初始费用，如品牌推广或法务等方面的费用。将所有这些费用加在一起，就会得出企业启动时所需的费用。在第三列中列出定期的持续费用。

小本经营

如果你的资金有限，那么一定要认清现实，将启动成本削减到最低，可以采取以下方法。

- 升级而不是更换电脑，或从朋友和家人那里租借其他物品。
- 从拍卖网站、二手店、专业经销商那里购买办公家具和设备，购买破产财产变卖的商品也是一个渠道。此外，还可以在开始时租用专业设备。
- 采用低成本的网站建设服务创建自己的网站，并用智能手机拍摄图片以便在社交媒体平台上自行给企业做宣传。
- 把需要专业知识的项目交给承包商，签订固定成本合同，而不是雇用员工。

资产

资产指企业拥有的设备和其他有价物品。资产可以是有形的，如电脑，也可以是无形的，如专利。

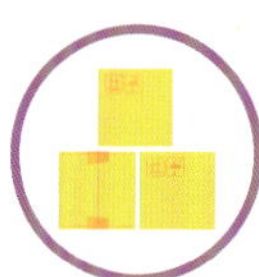

现货/库存

零售商、招待服务商、批发商或制造商所需的物品。

IT设备

台式计算机、笔记本电脑和手机等技术产品。

办公家具

符合工效学、有利于健康的办公桌椅。

运输工具

送货或出差所需的运输工具。

确定需求的优先顺序

在评估需要花费多少钱时，首先要考虑资产，也就是开办企业所需的基本物品和设备。此外，还有其他的一次性费用，以及按月、按季度、按年支付的持续费用。对于每一项成本，你都要问问自己是否真的有必要。要把钱花在刀刃上，也就是企业当前所必需的东西上。研究一下能够通过最低成本获得所需东西的方法，如购买二手货或租赁设备。

一次性费用

开办企业都会产生一次性费用。与资产不同的是，它们是可以抵税的。

办公场所
安装网络，为了员工的健康和安全进行改装或装修。

网站
创建并设置网站，包括安全性。

品牌形象
设计并创建徽标和品牌形象。

法务
申请许可证和执照，提供签订合同所需的建议。

广告/营销
传播企业开业和相关产品的信息。

定期的持续费用

企业开始运营后，你需要定期交一些费用，它们也可以用来抵税。

公用设备
需要交纳水电费、上网费和电话费。

IT维护
需要专业人员来管理和更新软件、网站，负责网络安全。

原材料
生产产品需要的原材料。

消耗品
文具、茶点和厕纸等消耗性物品。

偿还贷款
需要付给贷方的本金或利息。

工资
按月给员工发工资。

承包商费用
向临时提供服务的人支付费用。

广告/营销
为常规的促销活动支付费用，如按点击量付费。

需要赚多少钱

每家企业都必须满足财务可行性，因为大多数老板希望用企业来养活自己。开始时，你需要计算企业的经营成本和你的生活成本，从而确定期望的收入。

估算收入

作为企业老板，你可以像其他员工一样领取工资，也可以定期分红。企业必须首先赚到足够的钱以支付日常的运营成本，如租金或库存。此外，企业还需要留出额外的钱来应急，并为未来增长准备好资金。因此，一定要计算扣除成本后企业实际能够赚到多少钱。换句话说，企业什么时候才能赚到足够的钱以满足你的生活所需。

收入与投资

在领取薪酬和保留资金以用于未来投资之间需要做好平衡。在早期阶段，企业不太可能赚钱，因为你可能只有几个客户。一般来说，这时你只会领取很少的工资或者一分不领。这种情况可能需要持续一段时间，以确保企业有足够的资金维持稳定并进行长期投资。但是，企业也必须在一定的时间内有可观的盈利。这些都要计算清楚，以便在商业计划中写明。

可能留下多少钱

首先，估算6～12个月内企业能赚到多少钱，然后扣除所有支出，包括投资和应急费用。

启动成本（最后需要偿还）	运营成本	投资和应急费用
办公场所	员工成本	新设备或替换设备
库存	租金/抵押贷款	产品或服务开发
设备	消耗品、补充库存	市场研究
网站	公用设备（宽带、天然气、水电）	不可预见的紧急情况

计算需要缴纳的税款，将其添加到费用中。扣除所有款项后剩下的金额可作为薪金或红利供你使用。

做好准备

要评估某个创业想法是否可行，你需要将它能够产生的收入与你需要赚取的收入进行比较。这样，你会得到一个估值以作为指导，因为企业此时尚未开业。为了使企业生存下去，你应该做好一开始时自己赚不了多少钱的心理准备。

“在你挣到钱之前，千万别把它花掉。”

美国第三任总统托马斯·杰斐逊（Thomas Jefferson）

须知

- 营业额指企业在特定时间内赚取的总金额。
- 利润指扣除各种成本和支出后剩余的金额。
- 留存收益指留存于企业内部的金额，目的是支持企业的未来增长。
- 红利指以现金或股票的形式支付给企业所有者或股东的那部分企业收入，通常以年为单位进行分红。

所需的收入

计算自己需要赚取的收入的方法与计算企业成本的方法类似。个人支出通常分为以下几类：

日常生活费用	生活用品	交通	衣服
住房	抵押贷款/租金	保险	维修
公用设备	电费	水费	电话费
现有债务	个人贷款	信用卡	
娱乐	假期旅游	外出吃饭	订阅
存款	养老金	应急资金	

估算一下自己的一般花销，想一想哪些地方可以节省。弄清楚自己必须花多少钱，而不是现在一般会花多少钱。很多银行有在线表格，可以帮助你详细列出各种费用。

筹集资金

创业者面临的最大挑战可能是找到足够的资金来创办企业，所以要了解一下可能得到的不同类型的资金。

了解资金

为新企业筹钱，最简单的渠道就是个人收入或储蓄。随后，你可以依靠第一桶金进一步发展业务。这种方法称为“自力更生”，通常适合启动成本较低的企业。

如果你自己没有足够的积蓄，或者开始的销量不足以支持业务发展，那么你就需要外部资金。借款是一种选择，它有不同的形式，如银行贷款、商业信用卡、资产融资（根据企业的资产进行融资）。不管哪种借款方式，都必须按照协议在一定的时间内定期偿还欠款。此外，你可能有资格申请某些机构的拨款。你也可以考

资金类型

具体选择哪种融资途径，主要取决于你的个人情况和经济大环境。如果你的企业以创意为主，开销很少，那么你可以选择“自力更生”。如果贷款利率特别低，那么你可以把贷款作为一种选择。如果你十分擅长利用社交媒体，那么可以采用众筹的方式。股权融资可以避免举债，但是投资人的期望会给你带来另外一种压力。

英国**82%**的创业企业使用自筹资金来开展业务。

英国董事学会，2016年

自力更生

自力更生指在几乎或完全没有外部帮助的情况下，利用自己的积蓄或收入为企业提供资金。

利

- 没有债务意味着不用还款，因此，即使收入很少，也没什么负担。
- 对B2B企业有利，如提供服务或技术的企业。
- 适合基于网络的企业和员工远程工作的企业。

弊

- 用较少的资金创业需要创造力和执着的精神。
- 需要沟通技巧去与供应商协商，争取较长的付款期限。
- 如果需要大量资金，比如，购买或租借办公场所或支付全职员工的工资，那么这种方法是不可行的。

借款

你要将个人或企业资产抵押，以向银行贷款或进行融资。

利

- 无须将股权卖给外部投资人，也就是说控制权仍在自己手中。
- 短期借款有助于解决企业成长期的现金流问题。
- 所有利润都是你的，无须与投资人分享。

弊

- 贷款有很多文书要起草，如商业计划和现金流预测。
- 可能需要抵押担保。
- 如果贷方认为风险很高，就可能会抬升利率。

虑股权融资，即投资人给你的企业投资，来换取企业的股份。

履行义务

在签订融资协议之前，一定要仔细阅读所有条款。投资人会对还款时间和金额设定严格的条件，还会指定固定利率或浮动利率。其中可能会规定未按时还款而受到的惩罚，有时还规定不允许提前还清借款。找会计师一起讨论一下如何还清债务。要记住，如果你进行抵押，比如，拿房屋抵押，那么拖欠债务可能会令你失去抵押物。股权协议没有债务之说，但也有一定的“代价”，你需要把企业的一部分控制权交给投资人。

众筹

投资人投入现金，以换取相应的回报、还款或企业股权。

利

- 社交媒体平台为创业企业提供了很多融资机会。
- 可以接触世界各地的人。
- 投资人可能会选择投资回报，所以你不必用现金偿还或交出部分股权。

弊

- 社交媒体平台需要持续的专家管理以确保成功。
- 将目标金额设置得太高，可能无法达到。
- 将目标金额设置得太低，可能无法发挥最大的潜力。

股权

投资人提供资金以换取企业的部分利润或控制权。

利

- 没有负债的压力，财务上的担忧也较少。
- 可以得到经验丰富的专业人士的指导。
- 投资人可以利用他们的人脉为你的创业提供帮助。

弊

- 寻找合适的投资人可能很耗时。
- 投资人会分享利润，还可能希望五年之内获得回报。
- 你可能会失去控制权。

商业信用卡

商业信用卡虽然是一种借款形式，但有助于你管理现金流。在选择银行之前，一定要对比各种专门针对新企业的信用卡。办理可以提供管理工具的信用卡，比如，将企业费用和个人费用分开的信用卡，可以办理副卡以供员工使用。如果要偿还大笔费用，那么利息低的信用卡是最佳选择。不过，你通常需要拥有良好的信用等级才能申请到这种信用卡。另外，贷方可能不会提供现金返还或其他具有吸引力的奖励。

注意

- 申请资金时，应尽可能准确地预测现金流，以确保自己能够履行还款义务。
- 如果选择借款，那么一定要确保自己的活期账户中有足够的现金来支付每月的还款。
- 根据具体情况选择合适的还款日期，与贷方达成协议。
- 确保还款日到来之前有现金转入企业账户。

谁会投资

有各种各样的投资人可能会为你提供资金。你需要了解接受各种投资都意味着什么，如还款、放弃一部分股权。

投资的运行原理

任何愿意给你投资的个人、团体或组织都可以通过以下两种方式进行投资：一是按照特定的利息借钱给你；二是一次性给你一笔钱，同时换取企业的一部分股份。

很多人在考虑贷款时错误地认为银行是唯一渠道。实际上，任何人都可以合法地借钱给你，只要签订正式的合同，其中写明借款金额、期限、利息和月还款额即可。

小型创业企业还有一种融资方式，即“股权投资”。投资人给你的企业投钱，以此换取企业运营的发言权和未来的部分利润。同样，希望或可以给你企业投钱的不仅是金融机构，朋友、家人和生意伙伴都是潜在的投资人，他们想要帮助你的企业走上正轨，同时以年终红利的形式获得回报。

投资人的种类

过去，小型创业企业的资金来源主要是银行或富有的亲戚。不过，如今投资人的范围十分广泛，比如，拥有闲钱的个人、专门为具有良好成长前景的创业企业提供资金的专业投资人。很多国家和地区都设有为创业企业提供帮助的政府机构，他们会直接资助创业企业，或为他们牵线搭桥，使他们与潜在的投资人取得联系。

家人和朋友

与你亲近的人可能愿意提供帮助，但家人和朋友的资助需要谨慎管理。

利

- 可能会提供有用的建议、专业知识和资金。
- 更有可能提供较低的利率。
- 还款计划和日期可能比较灵活。

弊

- 万一出现问题，会有关系破裂的风险。
- 讨论钱的事情可能会有些尴尬。
- 会额外增加创业的压力。

同行

潜在的投资人包括同事、员工、借款平台上的人。

利

- 同行在帮你获得成功的同时会考虑个人兴趣。
- 同行了解创业企业的商业环境。
- 同行提供的利率通常比银行低。

弊

- 如果创业失败，那么可能有损你的声誉。
- 在如何经营企业方面可能会产生分歧。
- 如果你通过借款平台申请贷款，那么你的信用等级可能会受到影响。

众筹

通过众筹，你可以接触全球各地的投资人，他们会向你提供资金，他们要求的回报可能是企业股权。

利

- 可以在线锁定大量的潜在投资人。
- 可以快速筹集资金，借款条款的控制权在你手中。
- 筹款需求可能会迅速传播开来，会筹集到比预期更多的钱。

弊

- 可能要求更高，因为出资人并不认识你。
- 如果没有达到融资目标，那么必须把钱还给投资人。
- 网上争夺投资人资金的竞争很激烈。

银行

虽然通常来说银行不是股权投资人，但仍会在放贷前评估你的企业的稳定性和成长潜力。

利	弊
❯贷款协议简单，不会对企业运营指手画脚。 ❯企业仍在你的独立运营之下。 ❯银行会遵守政府出台的金融法规。	❯可能需要有担保人或抵押物。 ❯需要有很好的信用等级，才能享受较低的利率。 ❯需要证明自己有能力用收入偿还贷款。

天使投资人

天使投资人是有钱的个人投资人，他们给创业企业投资，以换取企业的股份。

利	弊
❯可以提供指导和宝贵的经验。 ❯可以迅速做出决定，资金很快到位。 ❯他们的眼光和人脉可以提高企业的成长潜力。	❯他们对企业的控制可能会让你感到不适。 ❯企业未来收入的一部分要归他们所有。 ❯他们对你的表现和投资回报抱有很高的期望。

风险投资人

风险投资人是专业人士，他们为想在创业企业成长过程中获得投资回报的投资人管理资金。

利	弊
❯不必还钱，这一点与天使投资人一样。 ❯可以担任领导职位，为日常管理提供建议。 ❯提供与专家合作的机会。	❯当出售企业时，你的份额会减少。 ❯需要董事会，而且需要经常进行财务报告。 ❯如果企业业绩不佳，那么你有失去企业的风险。

中央政府、地方政府和慈善机构

国家和地方的政府机构，以及一些慈善机构会向创业企业提供资助。

利	弊
❯拨款基本上不需要偿还。 ❯一般来说提交申请比较容易，网上有很多相关信息。 ❯有助于你的企业建立信誉，并推广业务。	❯申请过程通常很耗时。 ❯竞争对手很多。 ❯对于资金如何使用有一定的限制和条件。

加速器和孵化器

大多数国家通过加速器和孵化器这两种形式为创业企业提供支持。加入加速器或孵化器会在你寻找投资时有所帮助。

❯加速器就好像是密集的学习课程，有私人的，也有公办的。创业企业的所有者可以申请加入，如果被选中，那么加入的时间是固定的，通常为3~6个月。在此期间，创业企业的所有者会在导师的指导下接受如何经营企业的培训，这种培训十分集中，进展很快。私人加速器还可能会为你的企业投资。

❯孵化器的强度没有加速器那么高，但也会提供培训和战术指导。孵化器通常由大学或经济发展组织资助。孵化器关注创新，时间通常是一年或一年以上，目的是为创业者提供一个可以打磨商业模式的环境。

“投资人是我们永远无法雇用的员工。我们要确保选择那些和我们想法相似的投资人。”

推特联合创始人
比兹·斯通（Biz Stone）

如何用演讲打动投资人

如果你需要借钱创业，那么就必须让投资人相信给你的企业投钱是一项不错的投资。一定要做好充分的准备，同时还要保持热情、诚实待人、实事求是。

做好准备

一旦确定了潜在的投资人，就需要准备演讲稿，说服他们给你的企业投资。

研究潜在投资人的兴趣和他们当前所投的项目，看看他们是否符合你的计划。一定要能够清晰描述企业的方方面面，包括客户和竞争对手。此外，你还需要详细了解财务状况，做好财务预测，包括短期和长期的营业额和利润。

开场时要说明你和你的企业凭什么能够脱颖而出。这一段要简短，并且要引人入胜。这就是我们所说的“电梯演讲”，意思是这段演讲要在搭电梯的时间内讲完。接下来，要介绍企业所提供的产品或服务，突出强调将要解决的问题或客户希望能够解决的问题，然后再介绍产品或服务方案。

接下来，应该提供细节。概述市场、竞争、客户、运营、同行和财务状况，同时采用高质量的视觉材料，如实物产品、艺术品或数字演示。最后，列出所需的资金及其确切的用途。一定要事先练习演讲，以便获得建设性的反馈。

视频演讲

通过Zoom或谷歌环聊等视频会议平台演讲会有一些特殊的挑战。练习使用平台的各种功能，为演讲时可能碰到的技术问题做好准备，比如，演讲过程中连接突然中断时，应提前安排好接手的同事。在视频演讲的过程中，你无法控制对方的环境，对方可能面临很多分心的事情，因此要尽快直奔主题。因为你很难分辨对方的情绪，所以你的演讲应该更多地以讨论为主，提出问题、与对方互动，但要考虑这样可能会延长演讲时间，可能会出现详谈的情况。

演讲过程

投资人会从演讲者本身对企业做出一定的判断。演讲时要自信，但不要自大；要专业，但不要顽固不化；要乐意倾听，清楚地介绍自己，与听众进行眼神交流（如果是视频演讲，那么可以看一看镜头），用有力的证据说明你的企业存在的必要性，以及客户为何购买你的产品或服务，从而与投资人建立融洽的关系。注意观察听众，确保他们一直在倾听。注意投资人特别感兴趣的要点，因为后面的提问环节可能会出现这些要点。牢记下面三个关键的问题，它们可能会决定未来的投资。最后要说明你需要的东西，确定下一步要做什么。通常应该在演讲结束几天后发封电子邮件推进一下。

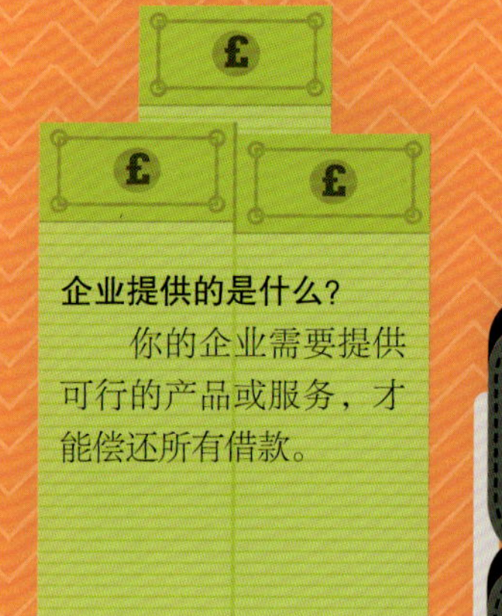

企业提供的是什么？

你的企业需要提供可行的产品或服务，才能偿还所有借款。

“在兜售想法时，首先必须让对方相信我们。”

彼得·科伏特（Peter Coughter），《顾问式销售的艺术》，2012年

宜

- 演讲要简明扼要，第一句话就要吸引投资人的注意力。
- 欢迎听众提出问题，并认真听取他们的意见。
- 确保你所说的话都有证据支撑（如市场研究）。
- 对自己的创意表现出热情和信念，表明自己的动力所在。
- 放松，抬头挺胸，保持仪表。
- 语速平稳，尤其是在开始演讲的时候。
- 使用有力的图片支撑演讲信息。

忌

- 财务预测不切实际。
- 过多地关注技术细节或术语。
- 假设听众和你一样有热情（你必须说服他们）。
- 过多地谈论自己。
- 面对面演讲时，一直照着屏幕说话，或背对观众。
- 不停地摆弄东西，这可能会分散听众的注意力。
- 过多地使用文字、项目符号和复杂的图形。

来购买？

你必须证明有足够市场需求，你的企业可以满足这些需求。否则，给你的企业投资能过于冒险。

竞争对手如何？

你的企业需要打开一个新的市场或者可以击败竞争对手，创造投资回报。

结算账目

为了记录企业的财务状况，你需要一套合适的体系。结算账目是一种记录所有收入项和支出项的方法。

记账

结算账目指计算借方和贷方余额，是企业会计的基础。企业通常会在月底使用复式簿记结算账目。这种方法会将每笔交易记入借方和贷方，从而更容易发现错误，以保护企业免受欺诈，包括来自客户、供应商或员工的欺诈。

管理企业账目至关重要，如果你自己做不了，那么可以聘请一位会计师。当然，也可以自己学着做。

记录交易的传统方法是将每一笔交易记录在分类账簿中，然后手工进行计算。另外，你还可以使用电子表格和被广泛使用的简单会计软件。有了会计软件，你可以轻松地记录、存储、分类和检索交易信息，并生成必要的单据，如销售发票和财务报告。会计软件还可以突出显示记录中未结算的交易，并进行总计。但是，一定要确保使用的软件是最新版本，以便符合当前的税收规则和要求。

财务报告

如果你创建了有效的簿记系统，就可以生成财务报告，它有助于监督企业的财务状况。资产负债表就是一种

复式簿记

顾名思义，复式簿记中每笔交易都会记录两次。复式簿记的电子表格或分类账目有借、贷两栏，以用来记录每一笔交易。复式簿记可以说明一种资产形式（现金）如何转换成另一种资产形式（如用于转售的库存、设备或原材料）。因此，企业在一定时期内花的所有现金都将被所购买的资产或服务所代替。举个例子，如果你买了价值200美元的存货，那么这笔交易在“借方”一栏中记为存货，在“贷方”一栏中记为应付账款。在整个会计期间内，每天或每周都要对每笔交易做这样的记录。

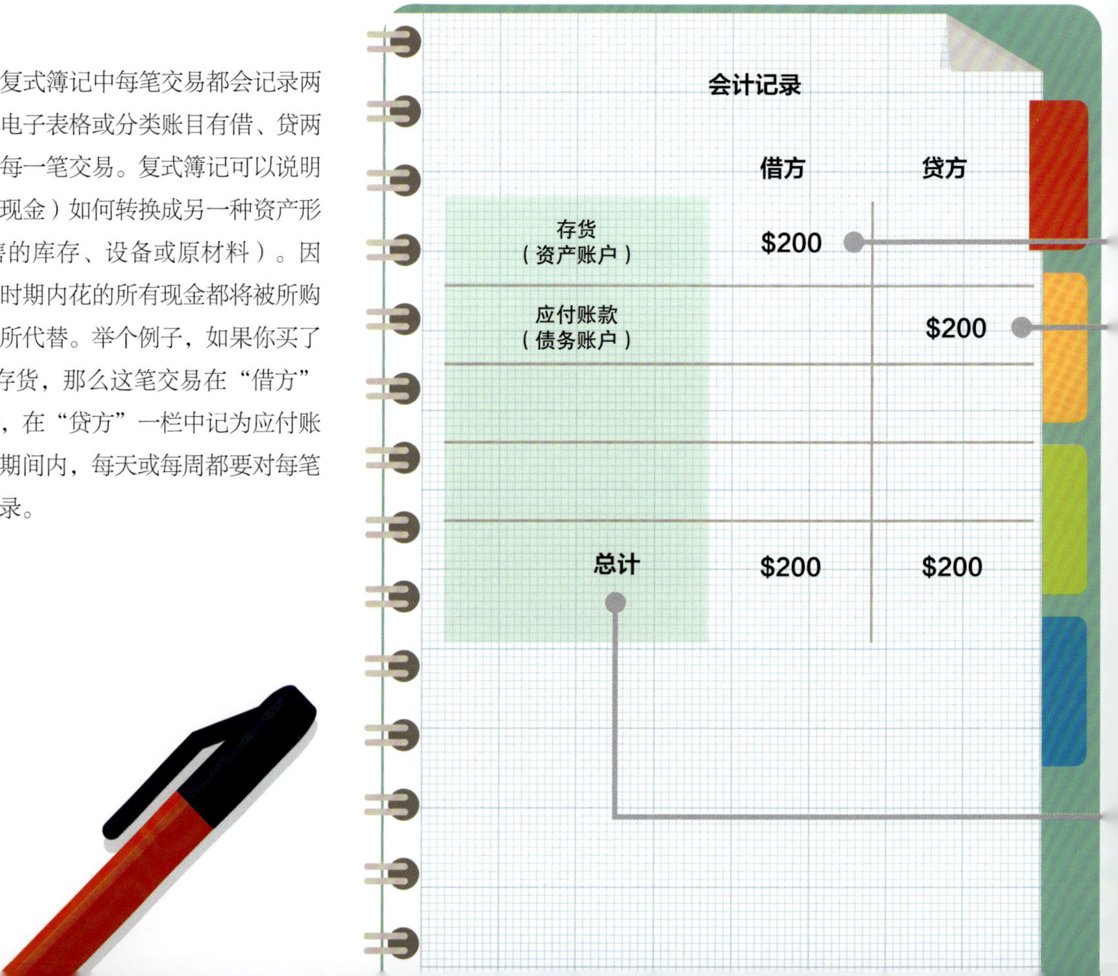

会计记录

	借方	贷方
存货（资产账户）	$200	
应付账款（债务账户）		$200
总计	$200	$200

财务报告。此外，还有损益表（亦称“利润表”），该表可以用于比较收入与支出，以评估企业在特定时期内的赢利能力。现金流量表可以显示资金的流动和企业的支付能力。这些报告可以帮助你做出明智的商务决策，如做预算、评估成本、衡量企业绩效。要仔细研究这些报告，寻找潜在的异常和问题，以防止它们进一步扩大。

须知

- 资产指企业拥有的现金和资源，包括设备和库存。此外，它还包括应收账款。应收账款是企业因销售产品或服务应向购买单位收取的款项。
- 负债指企业背负的债务，如银行贷款和应付账款。应付账款是企业应支付的款项。
- 权益指从资产中扣除负债后的余额。
- 收入是企业通过销售产品或服务得到的金额，或者通过投资和股息得到的金额。
- 支出是企业为商品、材料、服务、雇佣员工、租赁场地支付的费用。

借方

借方记录流入企业的所有款项。尽管存货尚未出售，但应记入“借方”，代表已购买的额外存货的价值。

贷方

贷方记录流出企业的所有款项。尽管尚未为存货付款，但将来也一定要付款，因此记入“贷方”。

总计

总计记录借、贷两栏的总和，它们应该是匹配的或平衡的。如果总数不匹配，那么要检查两栏中的条目是否有错。

资产负债表等式

只要簿记是正确的，资产负债表中的资产就应该等于负债和权益之和。资产负债表就像企业的“体检单”一样。如果企业负债相对偏低而权益偏高，那么企业适合扩张或可以应对经济下行。

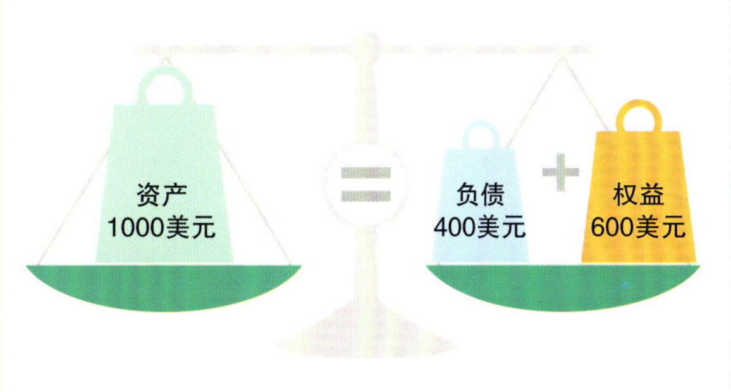

“会计是一门商务语言，早期多少学一点儿，后面会大有用处。”

伯克希尔·哈撒韦企业首席执行官
沃伦·巴菲特（Warren Buffett），2014年

了解营业税

任何企业都要纳税。了解营业税可以确保你在合适的时间缴纳正确的金额。它还有助于你留出足够的资金来履行纳税义务。

缴税

作为企业主，你有义务根据利润缴纳税款。你的企业具体要交多少税取决于利润，那么税款占利润的百分比是多少，这又取决于企业的结构，如个体经营者、合伙企业等。这些合法结构在纳税上各有利弊，因此要进行深入的研究，看看哪种结构可以享受最优惠的税率。

在企业成立的第一年，支出通常会很大。但是，这些费用会从收入中扣除，年终缴税时金额就会较低。但是，具体金额很难预测，因此必须持续监控每个月的盈利情况，并且每个月都要留出足够的现金，用来支付年度税单。你可以自己填写纳税申报表，但是很多企业会聘请一位会计师，他会建议你如何将抵扣税额做到最大。

> “没有税收，政府就无法存在。”
>
> 腓特烈大帝（Frederick the Great）

须知

- 资本利得税指根据出售资本资产所得利润需要缴纳的税款，资本资产包括土地、建筑物、股票和股份。小企业可以免缴这项税款，或者可以申请优惠。有些国家（如中国）没有设立资本利得税。
- 税收起征点是征税对象开始征税的数额。如果起征点是1万美元，那么利润或收入低于1万美元则不用缴税。
- 红利指企业从利润中支付给股东的钱。红利的税率通常比工资的税率低。

计算所要缴纳的税款

不管是个体经营者，还是合伙人，每年都需要缴税并填写纳税申报表。在申报表上，你或者你的会计师必须写明你的收入，然后减去支出，得出计算税款所用的毛利润。

收入

收入也称“营业额”，指企业收取的客户因购买其产品或服务而支付的总金额。

支出

支出指经营企业所产生的成本，如租金、工资、原材料和文具。为自己的企业投资也算作支出。

常见税种

企业主可能需要缴纳不同的税，这取决于企业的性质和注册所在地。最常见的税种如下。

销售税

在很多国家，大多数产品和服务的价格中包含销售税或增值税（VAT）。如果企业的营业收入超过一定的额度，可能就需要缴纳销售税。收到的销售税可以抵消支付的销售税，余额要交给政府。

企业所得税

如果你创办的是一家企业，那么需要注册以便缴税、提交年度纳税申报表、根据利润缴税。税率根据不同国家的税法而有所不同，但通常是均一税率。不按时缴税通常需要缴纳滞纳金，滞纳金会加到欠款总额中。

个人所得税

个体经营者或合伙企业中的个人需要根据商业活动所赚取的利润缴纳所得税，就像普通员工一样。如果你是企业的董事或员工，从企业领取红利或工资，那么这些个人收入就需要纳税，这些税款要与企业所得税分开处理。

其他税

地方政府和司法管辖区通常也会征收税款，有时市政府甚至都会征税。例如，在英国，拥有商业或工业场所的企业除要向政府缴纳税款外，还要向本地政府支付商业税。小企业通常可以申请降低商业税税率，尤其是利润低于一定金额时。

毛利润

毛利润指扣除支出后剩余的金额。投资会增加支出，因此会降低毛利润。

税款

企业必须根据注册所在地的税制缴纳税款。在大多数国家和地区，纳税都是一项法律要求。

净利润

净利润是税后利润。净利润可用于企业，也可以红利的形式发给所有者。

开立企业账户

为企业开立专属的银行账户不一定是必需的，但可能是明智之举，因为这样你可以享受专门针对企业的银行服务。

企业账户的优势

你可能需要开立企业账户，将企业的财务与自己的分开，具体情况取决于企业的类型。企业账户具有很多优势。重要的是，你可以随时了解企业有多少钱，以及款项的进出。此外，有了企业账户，更容易管理常规支出，如文具、水电或差旅费。专属账户说明企业可以收取客户通过信用卡、借记卡、在线支付等方式支付的款项。在线支付可能是客户所期望的。你还可以更轻松地兑换外币。银行账户是企业信用记录的一面镜子，未来筹集资金时可能有所帮助。

在哪里开户

除传统银行外，金融科技组织也提供各种自动的金融服务。你选择在哪里开户取决于诸多因素。比如，企业的主营业务是针对消费者的在线交易、与其他企业的交易，还是以其他货币进行的交易。

金融科技

- 随着银行数字化的推进，金融科技得到了发展。它提供移动支付等服务。
- 金融科技利用智能手机技术，费用更低，是一种成本更低的选择。
- 在非洲和亚洲某些地区，许多小企业在面对传统银行时处于不利的地位，金融技术可以提供小企业负担得起的支付服务。
- 创业企业可以使用金融科技从众筹平台而非传统银行获得融资。

全球移动支付市场的估值为 **47540**亿美元。

《移动支付2023展望》，2020年

账户的选择和开立

开立企业账户时，你需要提供文件以证明你的身份，还要提供企业的详细信息。你需要确保该账户可以满足现在和未来的需求。你需要对比不同机构提供的不同服务、产品和资源。在开户之前，要问清楚一些问题。

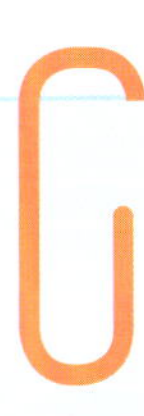

开户前要问的问题

开户需要多长时间?

开立活期账户可能需要四个星期。如果合适，可以考虑开设储蓄账户。

有优惠活动吗?

如果有数月免费服务之类的活动，就可以抵消将来每个月要交的一部分费用。

固定费用是多少?

一般来说，费用按月支付。还要注意是否对最低余额有要求。

交易费用是多少?

弄清楚银行对于进出款、移动交易和在线交易的收费标准。

有客服经理吗?

客服经理是提供服务的专员。确保你可以轻松地与他联系，如见面、打电话或通过电子邮件。

银行是否提供咨询服务?

弄清楚银行是否提供咨询服务，如网络事件或投资建议。

可以透支吗?

询问是否可以透支及相关的条款或收费标准。看一看是否有短期或快速贷款服务。

多久到账?

弄清楚大笔和小笔资金的到账时间，这对企业现金流很重要。

提供文件

为了遵守银行法规，包括防止洗钱的法规，在大多数国家开户需要提供以下文件。

身份证明，如护照或身份证。

地址证明，如水电费账单。

企业的详细信息，如来自相关国家机构的企业注册文件或企业章程等法律文件。

保护企业

创业免不了风险，提前确定关键的风险并制定防范措施，可以提高创业成功的可能性。

评估风险

要想针对风险制订有效的计划，首先需要识别风险。其中一种方法就是进行简单的风险评估。具体步骤包括注意潜在的风险，如知识产权面对的威胁、员工事故、火灾损失，然后评估这些风险将会对你的企业产生多大的影响，以及它们发生的可能性有多大。用图表来表示可能会更直观。

在评估风险发生的可能性时，应该考虑过去的情况和未来可能发生的事。针对每项风险制订行动计划，想清楚是要避免这种风险，将其最小化，还是要接受它。

你可能会更换供应商来避免风险，或者更改流程来最大限度地减少威胁。如果风险看似很小，那么你可以先选择接受它，但要监视它的动向。另一种方法是将风险转移给第三方，如保险公司，以此来防范风险。

企业保险的类型

创业企业需要购买哪些保险，取决于企业的主营业务、企业所在地及所涉及的风险。首先确定企业迫切需要购买的保险，然后随着业务的发展定期观察形势，在必要时增加额外的保险。你在创业时可以考虑几种主要的保险产品，有些保险是强制性的，具体要看你所在的国家和企业的性质。

产品责任

产品责任保险可以赔付企业设计、销售或维修的缺陷产品导致人身伤害或损失的情况。

业务中断

业务中断保险可以补偿企业因火灾或洪水等事件导致业务中断而蒙受的经济损失。

企业诉讼

企业诉讼保险可以赔付企业在商业法律诉讼中的费用。

雇主责任

雇主责任保险可以赔付员工在工作中受伤或生病所提出的索赔。

存货

存货保险可以赔付损坏、丢失或被盗的材料、工具、设备和存货的重置花费。

房屋

企业房屋保险涵盖企业运营所在的建筑物，可以赔付由于火灾、沉陷和管道破裂等事件造成的损失。

公众责任

公众责任保险针对的情况是其他人在你的营业场所受伤，或者你在工作时损坏了他人的财产。

职业责任

职业责任保险针对的是提供专业建议或服务的企业，以防万一发生错误导致客户提起诉讼。

可视化风险评估

当进行风险评估时，可以采用风险概率/影响矩阵分析图，这是一种很好的可视化方法。此图有两个坐标轴：一个坐标轴是风险变为现实的可能性（概率）；另一个坐标轴是风险的影响程度。首先从概率和影响程度两个维度给每一种风险打分，然后将其标在相应的位置。位于右上角（红色区域）的风险需要优先考虑，位于左下角（绿色区域）的风险无须时时关注。

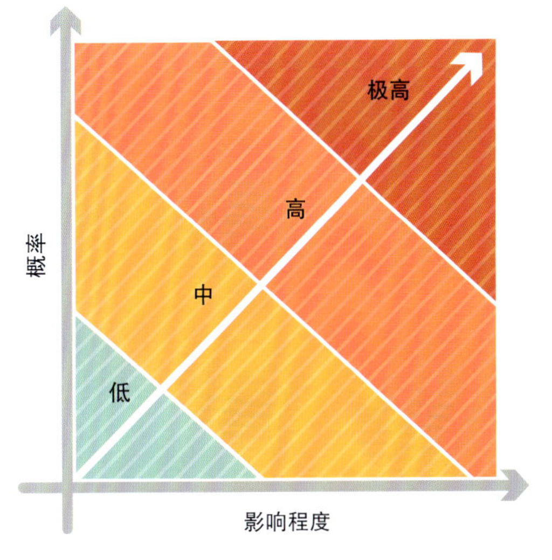

许可证

你还应该确保企业完全符合国家和地方法律，并拥有所有相关的许可，这也是保护企业的一种方式。比如，有些商业活动，如进出口货物、制作和销售食品，可能需要许可证。没有许可证就从事这些活动可能会被罚款，甚至遭到起诉。咨询专业人士，定期检查各种文件，确保它们都在有效期内。

保护知识产权

知识产权（IP）包括创意和发明，如照片、设计和软件。知识产权是一种可能被他人利用的资产，因此需要采取保护措施。

保护创意

不同国家对知识产权的定义各有不同，但一般而言，知识产权包括发明、艺术品、文学作品、商业图片（如照片或插图）和商标名称。

具体如何进行保护，取决于被保护之物的性质。有些东西自然而然地就会得到保护，如文学作品和音像制品的版权。有些东西则需要申请保护，如商标和专利。每个国家或地区都有相应的机构受理这些申请。要注意的是，你的创意不能侵犯他人的知识产权。

想一想哪种保护类型最符合你的需求。在一个国家申请的专利，可能不受另一个国家的保护，所以你可能需要在多国申请专利。

知识产权的类型

发明或创意是你创业成功的基础，保护知识产权决定着你的长期赢利能力。不管是大企业，还是小企业，抑或是个人，都可以申请知识产权保护。知识产权主要有五种类型：专利、商标、版权、注册外观设计和商业机密。你可能拥有不同的知识产权，所以可能需要不止一种类型的保护。

未受保护的创意
如果不采取足够的保护措施，那么竞争对手很容易为了自己的利益而抄袭你的创意。这样一来，双方可能会耗巨资打官司，而且创意的所有者可能赢不了官司。

商标

商标主要用于保护名称和徽标，注册时会被分为不同的产品和服务类别。注册后，商标可以带有“®”这个符号，它表明如果要使用相关徽标或名称就需要获得许可。

版权

版权保护无须申请，自然受到法律保护。版权保护涵盖与技能、工作或判断有关的原创作品，包括书籍、视觉艺术、音乐、戏剧作品和软件。

商业机密

设立程序以保护为你创造竞争优势的机密信息和商业秘密。未经授权使用或披露商业机密是违法的。

专利

专利适用于发明，它们往往包含独特的步骤，可以加以应用。如果有人未经许可制造、使用或销售相关发明，那么专利权人可以采取法律行动。

注册外观设计

注册外观设计可以保护产品的外观设计或形状，注册后立即生效。为了提高安全性，你可以注册外观设计，同时申请专利。

安全生产

作为企业主，你有责任保护自己的员工和访客免受伤害。建立合适的安全程序有助于企业平稳运行，并可避免发生事故和受伤事件。

营造安全的工作环境

要保护员工和访客在你的企业时的安全，这一点至关重要。向政府部门核实工作场所的安全要求。例如，理发店的潜在危害就与汽车修理厂或科技型企业的不同。从客户或承包商可能会拜访的家庭办公室或工作室，到零售场所或制造工厂，几乎所有类型的工作场所都必须确保员工和访客的安全。要进行风险评估，针对出现的任何问题采取行动，指导员工熟悉安全程序，确保所有设备安装无误，并进行定期维护。安全预防措施还有助于保护房屋和资产在事故中免遭损坏。

保护自己和他人

在规划或设置工作场所时，要注意关键区域，保护自己、员工和访客的安全。如果工作条件存在危险，那么你可能会被起诉。

卫生

定期清洁厕所，提供肥皂、洗手和烘干设施及垃圾桶。如果提供酒店服务，那么可能需要采取额外的卫生措施。

食品处理

确保制作食品的工作人员受过培训，符合有关食品卫生和存储、清洁用具和设备，以及虫害控制措施的法律要求。

消防

遵守政府有关房东和商业租户消防安全责任的指令。任命骨干员工负责消防事宜，定期举行应急演习，并让所有员工参加。

有毒物品

保护人和动物，不要让它们接触有毒的化学物品，如石棉、清洁剂和机器产生的烟。遵守有关有毒物品处理的规定。

燃气和电

如果你的工作场所是租来的，就要注意，房东有责任对燃气和电进行安全检查。检查插头是否有缺陷，开关和电缆是否有损坏。如果有，就要进行维修。

机器设备

在危险的机器部件周围安装防护装置，张贴警告提示，确保操作人员接受充分的培训。保护设备使用者免受噪声、过热或过冷、振动和辐射的影响。

小心跌倒

确保光线充足、地板做过防滑处理、清除障碍物。如果地面高度突然发生变化，那么要清楚地标记。为高空工作人员提供稳固的梯子。

个人防护

为员工提供适当的衣服和设备，如口罩、护耳器、安全靴、手套和头盔，让他们在工作中得到充分的保护。

提升和移动物体

告诉员工如何安全地提升物体，如果移动物体会造成伤害，那么千万不要做。将重物放在低矮的架子上。提供用于移动大型物品和物料的手推车或其他设备。

弱势群体

在工作场所中，有些人需要特别照顾，如孕妇和残障人士。他们可能是你的员工、客户或访客。

安全标志

根据法律规定，在显眼的地方张贴标志，加强工作场所的安全程序，如卫生和废物处理程序、危险警告、发生火灾时的逃生路线。

急救

对员工进行急救培训。确保急救物资随时可用，使受伤者可以立即得到照顾。任命一位安全员负责报告并记录所有事故。

环保意识

你的企业如果能关注可持续发展或其他环保问题，那么不仅可以帮助人类应对气候变化，还可以提升企业的形象和声誉。

采取行动

企业为了实现可持续发展，必须尽可能减少碳足迹。企业应该采取措施减少消极影响，同时增加积极影响。

从企业的角度来看，环保形象可能有益。越来越多的客户喜欢从关心环境的企业那里购买产品或服务。这类客户在购买产品或服务时，想知道这些产品或服务是否符合可持续发展的理念。支持环保的企业还会吸引那些喜欢为遵守道德标准的企业工作的员工。

此外，减少浪费有助于降低成本，如节约用电和原材料，或减少印刷。越来越多的国家开始对污染和破坏环境的企业增加税款和限制，因此可持续发展还在财政方面产生了益处。

实现可持续发展

企业在考虑可持续发展时，可采用如下方法：将其分为三个阶段来看。第一个阶段关注企业所需的资源（原材料）。如果是服装生产商，那么原材料可能是布料；如果是咖啡馆，原材料就是食品原料。看一看这些材料来自何处，它们的生产符合可持续发展的标准吗？如果不符合，那么是否还有其他选择，比如天然或再生布料，或带有“公平贸易”徽标的食品。“公平贸易”徽标表明产品的生产符合道德标准。采购时要仔细筛选，可以选择更环保的材料，特别是在企业要尽可能减少浪费的情况下。要达到环保要求，企业的初始投资可能更高，不

为本地考虑

使用本地供应商的产品可以建立商誉，使社区受益，减少碳足迹。

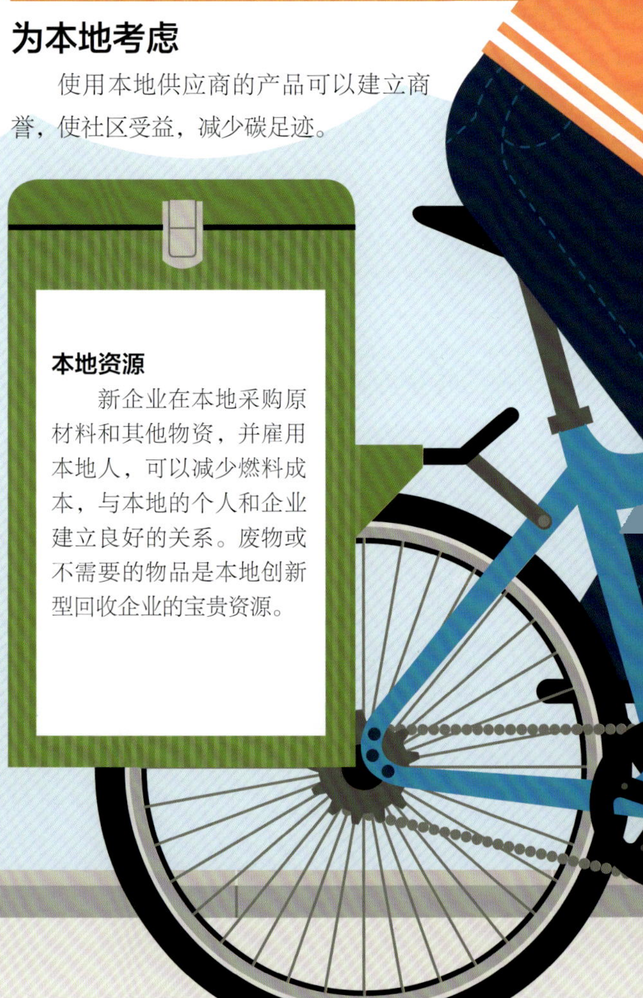

本地资源

新企业在本地采购原材料和其他物资，并雇用本地人，可以减少燃料成本，与本地的个人和企业建立良好的关系。废物或不需要的物品是本地创新型回收企业的宝贵资源。

环境标准

你的企业需要遵守政府的环境标准，包括废物处理、空气污染、水污染等。此外，你还可能自愿遵循一些其他标准，如只生产有机食品。遵守强制性的标准可以避免处罚，而遵守自愿性的标准可以使产品对客户更具吸引力并增加价值。

过，只有这样，企业才能从一开始就把这件事做好。第二个阶段考虑制造产品或提供服务所需的能量。大多数企业会用到燃料和水，那有没有什么方法可以减少消耗，比如，是否可以使用电动汽车或在隔热良好的场所工作？第三个阶段考虑产品售出后的情况。使用什么类型的包装？是用可回收材料制成的吗？可以回收吗？也许可以让客户退回包装再次利用，这也是拉回头客的好方法。

最后，要提醒一下，可持续性发展可以帮助企业发展并建立声誉，但一定要经常检查企业是否一直保持对环境友好。如果人们发现有假，那么企业的好名誉便会消失殆尽。

解决塑料问题

生态学家警告说，海洋已被塑料废物污染。创业者正在寻找新的方法将塑料进行回收利用。有些人将塑料废物制成织物，有些人则将其转化为家具、砖块、钟表或燃料，或者将其加到沥青中加固路面。如果你要在产品中使用塑料，一定要确保它们可以被广泛回收。

互利共赢

如果一个新企业利用本地资源，那么这将惠及很多人。

- 如果一家新餐厅使用本地食材，并聘请本地人为员工，那么就会得到本地人的认同。
- 将旧家具改造成时髦家具的家具店有助于减少浪费。
- 将报废汽车或厢式货车改装为全电动汽车的企业不仅对本地有利，还会推进清洁燃料在全球的使用。

“可持续发展是我们所有人都想走的未来之路。”

联合国前秘书长潘基文
（2007—2016年）

坚持道德准则

如果你以诚实开放的态度对待客户和供应商，在企业运营上坚持道德准则，那么你的企业将树立声誉，成为大家公认的公平企业。

承担责任

经营企业时坚持道德准则非常重要，这可以给企业带来丰厚的回报。客户更喜欢从遵守道德准则的商家那里购买产品或服务，员工更喜欢为那些公平对待他们的雇主工作。树立良好的声誉有助于提高客户的忠诚度。

想一想你所希望的企业运营方式是什么样的，并据此设定企业的价值观。例如，你决定企业将致力于支持本地社区或致力于环保事业；或者你可能更关注员工的健康和福祉。一旦

工作场所

想一想如何把企业打造成一个不错的工作场所，确保公平公正地对待所有员工。

制定行为准则

你在确定行为准则中应包括哪些内容时，要从不同的角度加以斟酌。下面这几点适用于大多数企业。你也可以添加其他内容，具体取决于工作的性质。

社区

想一想企业如何为社区做贡献。你可以赞助一支球队或向慈善机构捐款。尽量不要产生噪声或其他污染，否则会对附近的居民造成负面影响。

环境

想一想企业会对环境产生什么影响，寻找可以降低影响的方法。例如，使用可回收利用的包装材料，或者推出骑行上班计划，帮助员工购买自行车。

确定核心价值观，就应制定行为准则。行为准则是规范你和员工行为方式的规则手册，相当于一份行动指南。每个人都必须了解企业期望他们如何待人处事。你还可以与供应商和客户分享企业的行为准则。无论你制定什么样的行为准则，都必须做到真实有效。如果你告诉大家自己是一位重视员工的雇主，却强迫大家加班，那么潜在的员工听到这一消息后就会另寻他处。一定要确保自己言行一致，因为建立声誉需要很长的时间，而失去声誉可能就是瞬间的事。

做出正确的选择

道德立场有时会让你陷入两难的境地。比如，根据行为准则，你只能从遵守道德准则的企业那里购买商品，然而你可能需要支付更多的费用。假设你经营一家服装店，你不希望从不遵守道德准则的工厂那里购入便宜的服装，客户愿意从他们信任的企业那里购买产品或服务，并且愿意支付较高的价格，因此你可能不会亏本。

供应商和客户

一定要始终从遵守道德准则的供应商那里进行采购。在本地采买以支持本地的工商业界。面对客户，力求做到开放、诚实和透明，并与客户建立良好的关系。

案例分析

Solarkiosk公司

Solarkiosk这家创业公司将道德准则作为核心。它成立于2011年，以普及能源为使命。世界上最贫困的地区中约有20%没有被电网覆盖。Solarkiosk推出了旗舰产品“E-HUBB”，这是一种太阳能移动发电站，可以给手机充电或冷藏药品。

运营方式

确保企业的所有操作都合乎道德且公开透明。确保企业的每个员工和供应商都了解你所遵循的道德准则，并愿意配合。

> “真正的正直就是做正确的事，并且心里清楚没人知道你做没做。”
>
> **媒体女王奥普拉·温弗瑞（Oprah Winfrey）**

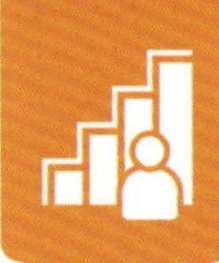

撰写商业计划

商业计划可以在企业发展的各个阶段为你提供指导，还可以说服他人相信计划的可行性。商业计划相当于路线图，将指引你从当前的位置到达你梦想的地方。

为何需要计划？

开始创业时，你可能很清楚自己要达到什么目的，但究竟如何实现目标，你可能并不十分清楚。撰写一份简洁的商业计划，你会知道自己的重点和方向。商业计划说明企业的目标、将要出售的产品或服务、你打算如何赢得市场份额，以及企业如何运营并推广产品或服务。你可以用商业计划来获得资金、设定目标、监控绩效、增强自己的创业信念。制订商业计划时，要肯花时间研究——研究得越彻底，创业成功的可能性就越大。

如何撰写商业计划

商业计划一定要清晰，并对技术术语进行解释。用重要的市场统计数据和准确的销售和利润预测来支撑你的商业提案。

1. 执行摘要

›企业概况 对于一位繁忙的投资人来说，这部分内容可能是他唯一会看的地方。所以，一定要确保它有足够的说服力。虽然执行摘要是商业计划的开头，但在整个计划书写完之后再起草这部分内容会更容易。

›名称和结构 阐明企业的基本信息，简要地总结企业将要卖什么、卖给谁。可以先写好“电梯演讲”。“电梯演讲”十分简短，可简要地介绍企业的创意和目标。

2. 业务描述

›所有权 提供有关创始人和管理者及其角色的详细信息，包括相关的工作经验、资历、已经接受和将要接受的培训。

›交易 简要地说明企业的交易地点、从哪里购买经营所需的商品和材料。

›产品或服务 描述企业将出售的产品或服务，内容要比执行摘要详细，包括产品或服务的图片。介绍产品或服务与众不同之处。

›SWOT分析 回顾企业的优势、劣势、机会、威胁，并阐明应对之法。

3. 市场和竞争

客户 你希望哪些人成为你的客户，也就是企业看中了哪块细分市场。根据市场细分研究确定细分市场。描述客户，并确定他们为什么会买你的产品或服务。

竞争 把你的企业与当前市场进行比较。列出竞争对手和他们的产品、服务、价格，以及你和他们之间的产品差距。说明你的独特销售主张。

趋势 研究市场是静态的还是增长的，关注你发现的任何趋势。

4. 营销和销售策略

促销 解释促销产品或服务的方法，如新闻宣传、广告或直接的在线营销。

社交媒体 描述你将使用的社交媒体渠道，还有你将发布什么样的帖子来吸引客户。

定价策略 写明制造和交付的单位成本。如果企业提供的是服务，那么确定客户可能愿意支付的费用。讨论价格，与竞争对手的价格进行比较，并说明预期的利润率。

销售方法 概述你打算如何寻找、吸引并留住客户。描述客户体验及如何鼓励他们再次购买。

5. 企业运营

工作场所和结构 描述企业的大本营和使用的设备。解释为什么这个地理位置可以很好地服务目标群体。

日常运营 概述企业的运营方式，包括客户的支付方式、如何给员工发工资、如何遵守健康和安全等法律规定，以及应急计划。还要解释产品的供应和分销的详细信息。

6. 财务预测

销售收入和成本 预测每个月的销售收入和成本，跨度至少一年，最好是三年。要考虑到季节性波动。

利润预测 提供毛利润（预估的销售收入减去成本）和净利润（总销售收入扣除所有费用后的剩余金额）。

现金流预测 为客户和供应商设置付款条件，并预测12个月内的现金流。

制订行动计划

要想让商务战略变为现实，你需要制订行动计划。行动计划要列出为确保企业蓬勃发展所采取的具体步骤。

基本概念

行动计划的目的是将商业战略付诸实践。商业战略描述企业的总体方向和你需要做的主要决策，比如，确定哪些人会成为你的客户、企业五年后的业务状况。相比之下，行动计划应该包括准确详细的信息，比如，你的目标及在日常经营中实现这些目标需要采取的行动。

制订行动计划时，邀请同事一起，这样你可以与大家分享新的想法。邀请他人参与，也意味着他们更有可能自愿为企业的成功贡献自己的力量。

着手制订

首先要对企业有一个全方位的思考，包括市场营销、生产和财务等。你需要针对每一点制订一份行动计划，具体取决于企业的复杂程度。确保计划中的时间设置没有冲突，以及各个部门不会争夺相同的资源。如果企业规模不大，一份计划就可以涵盖所有方面。

如果要衡量行动计划是否成功，那么一定要为关键事项设定截止日期，定期与员工见面讨论是否需要进行更改。此外，做好根据需要更新计划的准备。

制订计划

这里以一家山地导游企业为例。企业希望向潜在客户介绍新的冬季路线，所以根据市场营销制订了行动计划。这份计划中包括较为复杂的活动，如社交媒体活动，但如果针对这一点单独制订更详细的行动计划会更好。

目标

提高客户对导游企业冬季路线的认识，提高销售量。

关键步骤

向现有客户发送有关冬季路线的电子邮件，提供折扣。

在远足和登山网站上投放广告。

开展社交媒体活动，宣传新路线激动人心的特点。

须知

- 行动计划描述企业执行战略计划时所要采取的具体步骤，战略计划有助于实现商业计划。
- 商业计划描述企业的主要目标，如提供什么产品或服务、为谁提供。
- 战略计划从广义上描述企业将如何遵循商业计划。

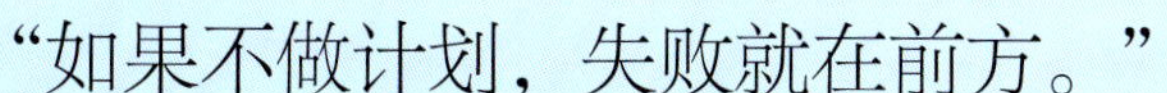

"如果不做计划，失败就在前方。"

美国发明家和科学家本杰明·富兰克林（Benjamin Franklin）

时间表	负责人	所需资源
开始：8月17日 结束：8月21日	阿肖克（营销）	阿肖克的时间；客户邮件清单
开始：8月17日 结束：8月21日	阿肖克（营销）	阿肖克的时间；合适的网站清单；500英镑的广告预算
开始：8月15日 结束：10月1日	珍妮弗（营销）	珍妮弗的时间；数字营销工具

了解消费者权益

创业时，你必须清楚自己要对客户负哪些法律责任。从一开始，就要确保自己了解《消费者权益保护法》，这一点同时还会影响产品和服务。

销售产品

在法律的保护下，消费者若遇到不公平的销售行为和不道德的商家，就可以采取法律行动。无论你的企业开在哪里，都需要了解保护消费者权益的规定。这些规定不仅体现在《消费者权益保护法》中，还体现在与食品安全、电子产品和标签等相关的法律中。

在有些国家和地区，如美国和澳大利亚，除国家法律外，不同的州还有自己的法律。有些国家可能会执行相同的法律，如欧盟成员国。随着互联网的发展，全球贸易不断增多，目前各国也在为消费者相关法律的国际

质量

出售的产品应该和描述的一致，具有良好的质量，没有缺陷或损坏。举个例子，皮包不应包含合成成分。

消费者权益

政府部门和相关组织坚决捍卫消费者的权益，并会针对企业的未决投诉展开调查。开始交易前，请查看相关文件，以获取与你的业务类型相关的指导和信息。消费者权益因国家和地区而异，但可能会涵盖产品或服务的基本要素——质量、功能、交付、退货、维修。

交付

在产品到达客户手中之前，你应对产品负责。若产品在送货过程中出现问题，即使问题是由快递员造成的，你也必须尽快处理。

化努力。例如，国际消费者保护和执法网络（ICPEN）的成立为跨境购物的消费者提供最低的保护标准。

提供服务

消费者权益不仅涉及产品，还涉及水暖、美发和建筑等服务。如果你的企业以提供服务为主，那么你需要了解一些涵盖基本标准的法律，包括合理的关爱和技能、具有约束力的合同、指定的价格，以及在约定的时间内交付。如果你未能按照约定的标准提供服务，那么需要重新提供服务或进行赔偿。

对消费者权益要有一定的了解，这样才能知道需要针对各种法律诉讼采取何种保护措施，如产品责任保险。此外，了解消费者权益还有助于满足客户的期望。如果问题能够得到合理解决，那么客户可能会重新“燃起”对企业的信任。

“客户服务不应该只是一个部门的事情，而应该是整个企业的事情。”

互联网企业家谢家华（Tony Hsieh）

功能
产品必须具有相应的功能，并满足客户的合理期望。举个例子，笔记本电脑包应该能够装得下相应的笔记本电脑。
退货
如果客户对产品不满意，那么他们可以在一定的天数内申请退款或更换。
维修
如果产品出现问题，那么应该尊重客户的维修或更换权利。举个例子，如果客户购买的皮包开线了，那么需要为其提供免费的维修服务。

3 企业启动

打造工作场所

无论你在哪里创业，都需要规划工作场所，提高效率、生产力和员工福祉，并将健康和安全风险降至最低。

评估需求

一个好的工作场所不仅能让企业有效地运作，而且还可以满足员工、客户和你自己的需求。具体的需求取决于企业的性质，比如，汽车修理师的理想工作场所与居家办公的会计师的截然不同。但不管哪种情况，设计合理的工作场所都能有效地发挥作用。它有助于降低事故和疾病的发生率，减少与压力有关的问题，同时可以提高生产率，促进员工健康。

在规划工作场所时，要思考使用者是谁及其要完成的工作，确保陈设恰当、设备设施易于使用且适合特定的用途。更重要的是，检查工作场所是否符合相关的健康和安全法规。

基本要求

关心员工需求的企业会提供舒适安全的工作条件，如可靠的设备、舒适的温度，这样一来，企业会提高生产率，员工缺勤的天数也会减少。尽管员工的特定需求会因为工作类型的不同而不同，但大多数工作场所有一些共同的基本要求。

一般来说，**55%**的员工大部分时间不在办公桌旁。

某网站，2020年

计算空间需求

购买或租借工作场所是一笔大的开销，因此需要尽可能充分地利用空间。一般来说，工位的标准是4.5～9平方米，不过，具体要求要查看当地的法规。有许多免费的在线工具可以计算空间需求。在计算空间需求时，要考虑供人们行走的空间和任何不可用的区域。配备共享设施的开放式设计可以节省空间，但并不适合所有类型的企业。此外，还要为计划额外招聘的员工留出空间。

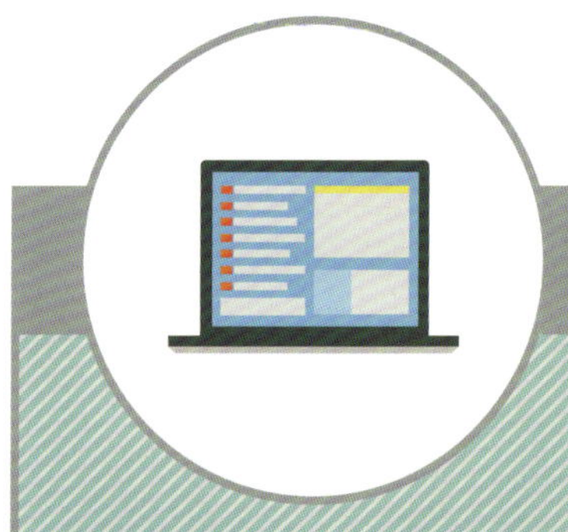

IT设备

几乎每家企业都离不开电脑，即使电脑用得不多，也至少得有一台。此外，还需要无线网络或有线网络。可能还需要打印机，所以需要空间来存储打印纸和墨盒。检查一下工作场所，看看是否有足够的电源插座，它们是否位于合适的位置。

合适的家具

企业需要合适的办公家具来适应员工的各种需求，尤其是当他们需要久坐或长时间承受压力时。办公家具要能让员工感到舒适。很多企业从专业供应商那里租赁办公家具。

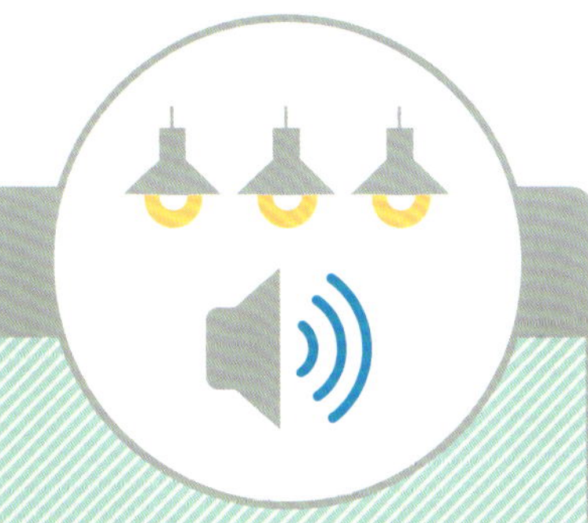

光线和噪声

员工需要有良好的光线才能有效地工作。尽可能利用自然光，因为荧光灯会导致眼睛疲劳。应该让员工远离噪声或震动较强的环境，可以通过办公室设计、限制使用嘈杂的设备、使用防护装备等方法做到这一点。

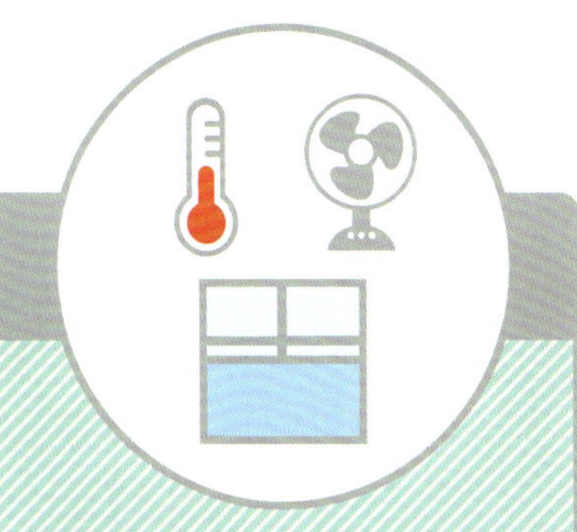

通风和温度

确保工作场所具有良好的通风和清洁的空气。温度控制在多少摄氏度合适，可能取决于具体的工作，是久坐的工作，还是体力劳动。当调节温度时，要考虑设备产生的热量。

卫生和安全

企业要有洗手间和饮水间，并且需要定期清扫。提供一个供员工准备饭菜和饮料的区域。急救设施、烟雾探测器和灭火器是必须要有的。

工作空间

有些工作需要占用更多的空间，需要更多的设备，也许可能会产生危害或噪声，因此要做好规划。还有些工作可能需要保密或能够集中精力的安静环境，并且需要私人空间。可能的话，设立一个共享空间，使员工可以在那里举办非正式的集会。

通道

工作场所必须适合所有员工，包括残障人士。当安装工位和设备时，要留出足够的空间，员工可以自由、安全地走动。同时，为与工作相关的物品和个人物品留出足够的存储空间，让地面上没有障碍物，保持消防通道畅通无阻。

规划网站

要想在市场上取得成功，提高企业在网络上的曝光度必不可少。专业网站有助于吸引并抓住人们的注意力。精心的规划将会节省时间、精力和金钱，并带来更好的结果。

构思网站内容

网站的外观和感觉固然重要，但引人入胜的内容才是真正吸引流量的因素。在撰写文字、拍摄照片或草拟设计方案之前，要想清楚网站开通时会呈现的内容、网站结构，以及随着业务的发展如何修改和添加内容。

思考一下网站的用途。比如，以提供内容（信息）为主的网站与购物网站有着截然不同的要求。想一想目标群体，研究一下类似的网站上哪些内容起到了良好的效果，如教学视频、图片故事。

选择域名

选择合适的域名与选择企业名称一样重要。域名就是企业网站的网址，它和企业名称不必一模一样，但若一样，则有利无害。域名应该对企业有所描述，并且包含适合搜索的关键字。比如，一家自行车维修店可以选择一个包含“mend”（修理）和“bike”（自行车）的域名。容

网站结构

粗略地画一下网站结构，可以帮你更好地决定如何安排网站内容，即使你用的是现成的网站模板，也可以这样做。你可以使用金字塔式的简单结构，顶部是主页，往下是主类别，再往下是子类别，这样可以使用户轻松地浏览网站。它还有助于搜索引擎快速找到内容并建立索引。因此，它还可以使网站在网络搜索结果中有较高的排名，这就是我们所说的“搜索引擎优化”。

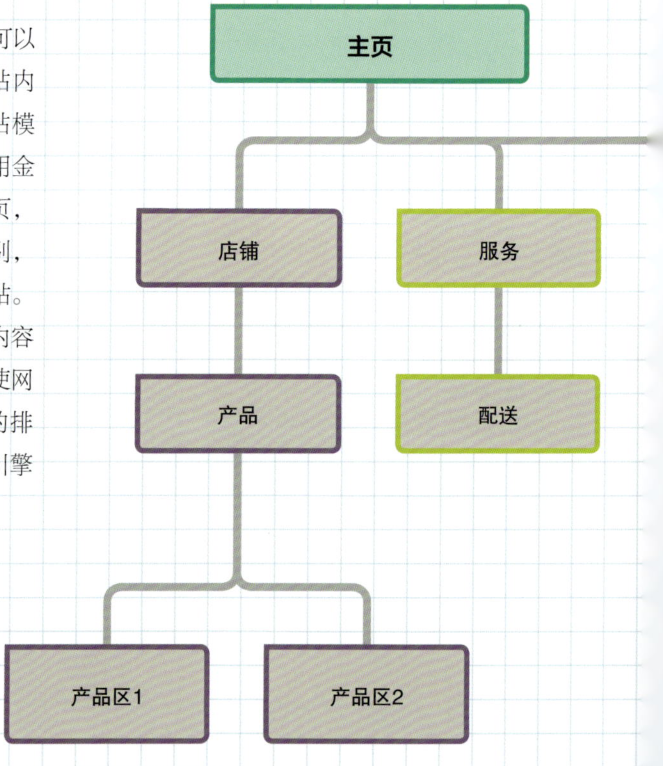

易输入和记忆的简单域名当然最好。此外，应该避免使用数字和连字符，因为它们可能会造成混淆。

选择合适的域名后缀。商业企业倾向于使用“.com”，互联网、电子邮件和网络服务企业更适合使用“.net”。如果你想吸引更多的本地受众，那么可以使用表明国别甚至地区的后缀，比如，澳大利亚的企业可以使用“.au”，英国的企业可以使用“.uk”。

要获取域名，可以访问域名注册商，查一下你的首选域名是否可用，并支付租用该域名的费用。此外，你还需要使用网络托管服务。有了这项服务，别人就可以通过网络访问你的网站。有些企业同时提供托管服务和域名。

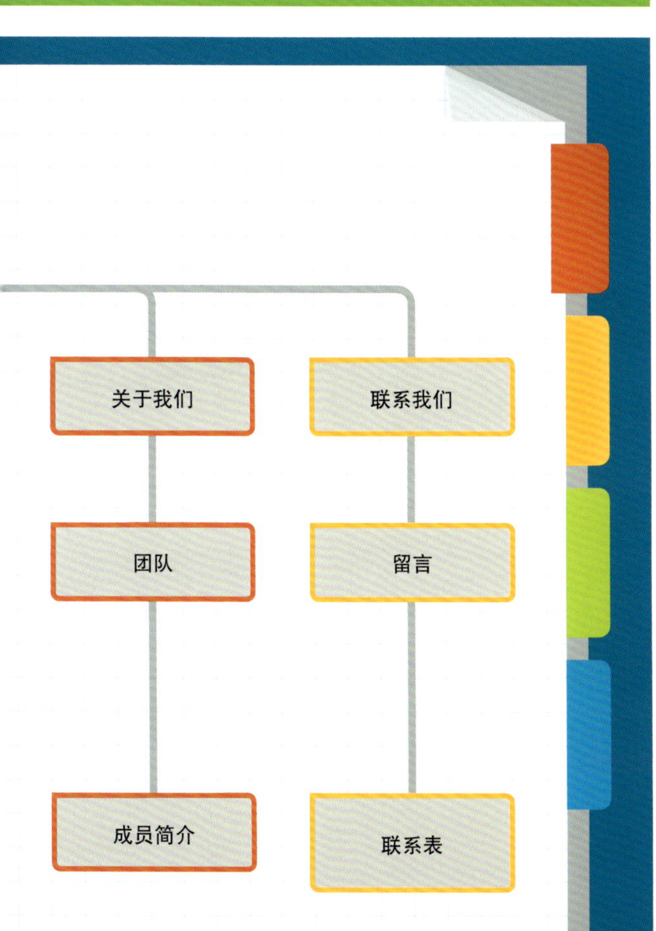

网站类型

网站的用途会影响网站设计，决定它是静态的（始终显示相同的内容）还是动态的（根据用户情况显示不同的内容）。很多旨在提供信息的网站（内容网站）是静态的，而电商网站（网店）往往是动态的，其页面会根据访客的需求量身定制。

内容网站

内容网站可以以介绍某一主题为主，如如何照顾猫咪；还可以专注于某一方面，如猫的品种；或再缩小一下范围，如某个特定的品种。内容网站可以通过不同渠道获得资金。举个例子，以猫为主题的网站可能由宠物食品企业提供资金，或链接到电商网站。内容网站产生收入的方式还有很多，如广告和联盟营销。如果你的网站和教学有关，那么可以提供电子书等产品或课程、研讨会、咨询等服务。社交媒体有助于提高企业知名度。

电商网站

电商网站可以展示宠物食品等商品，让客户在线购买。与实体店一样，电商网站必须做到引人注目，并且要定期更新。订购和付款流程应该简单明了，具有明确的退货/退款政策，比如，通过贝宝（PayPal）等广受信任的系统，避免产生麻烦。

设计并建设网站

企业网站颇具吸引力，对用户友好，就能从竞争者中脱颖而出。一定要花时间研究所有可能的选项，仔细选择，确保网站能够满足企业当前和将来的需求。

为用户着想

不管网站是用来展示企业信息的，还是用来销售商品或服务的，都必须做到易于访问且易于使用。首先需要的是虚拟主机服务。有些网站制作工具既提供虚拟主机服务，又提供网页模板，这种服务商比较有吸引力，但可能无法满足你的所有需求。举个例子，共享虚拟主机表明你要与多个用户共享硬件，你的网站速度可能会因此减慢。此外，有些网站制作工具在“搜索引擎优化”（SEO）上做得不好，这样的话，用户很难搜索到你的网站。内容管理系统（CMS）提供了更多的设计选项，你可以自主选

建设网站的方式

网站建设其实非常简单，不需要懂得计算机代码。有了网站制作工具，你只需把内容拖到模板中即可。如果要采用内容管理系统，那么需要更多的专业知识，但你可以更好地控制网站结构。自己建设网站或雇人建设网站，会有更大的创作自由，但需要专业技能。

网站制作工具

- 基本不需要专业技能，而且不需要懂代码。
- 可能会提供免费的虚拟主机服务。
- 拥有各种订阅模型，可以选择现成的页面模板和工具，做好页面布局。有些制作工具提供多语言服务。

择。不过，从头开始建设网站需要网站设计方面的专业知识。

不管采用何种方法建设网站，主页都应该对企业进行清晰的介绍。要用最少的字、醒目的图片和一致的设计帮助用户识别关键信息，畅游网站。

适合移动设备

到2022年，全球数据流量将达到每月710亿GB。为了应对这一挑战，你需要给自己的网站做好准备，也就是要做好优化，使其适合任何尺寸的屏幕（甚至手表），并且可以清晰地显示。

> “用户通常会在网页上停留10～20秒，但如果他们觉得有价值，就会停留更长的时间。”
>
> 雅各布·尼尔森（Jakob Nielsen），《用户会在网页上停留多长时间》，2011年

内容管理系统

- 需要一定的技能，但可以更好地控制设计和功能。WordPress是最受欢迎的内容管理系统之一。
- 用户可以创建、存储、搜索和管理存储在数据库中的内容。
- 非常适合内容不断变化的网站，如博客。

从零开始

- 需要为网站一行一行地编写代码。
- 耗时，但设计自由，不用依靠模板，建成的网站比较独特。
- 需要具备编码和网站开发的基础知识，如HTML和CSS。

吸引流量

提高网站的可见性有助于潜在客户方便地找到它。有多种方法可以提高网站被搜索引擎抓取到的可能性。

提高网站的可见性

潜在客户要浏览你的网站，首先必须能够找到它。你可以通过多种方式让这一过程变得更为简单，如通过社交媒体和广告在线推广网站。搜索引擎优化是最重要的一种方法，它可以使网站更容易被找到。

搜索引擎优化

谷歌等搜索引擎从每个网页上收集数据，然后使用算法将数据转换为搜索结果。算法通常是指计算机程序中的数学过程。算法给出的排名越高，你的网站在搜索结果列表中的位置就越靠上，被浏览的可能性就越大。要想提高网站的搜索排名，必须采取一定的措施，比如，确保网站内容中含有某些关键字，也就是人们在搜索产品或服务时可能会用到的词，同样也是搜索引擎会抓取的词。网页标题（显示在网站的代码中）、其他网站指向你的网站的链接（反向链接），还有你在链接中使用的词（带有超链接文本的词）都有助于吸引搜索引擎的注意力。定期更新优质内容也会使网站的排名上升。

增加流量

关注那些可以促进搜索引擎优化的因素，这是一项重要的策略。比如，如果有很多反向链接指向你的网站，那么搜索引擎会给出较高的排名。有些增加流量的策略既快捷又便宜；还有些策略可能需要更多的投资或聘请专业人员，具体选择哪种策略取决于你掌握的技能。

搜索引擎优化

搜索引擎优化并不是一项一次性的任务。你需要及时了解哪些因素可以提高你的网站在搜索结果列表中的排名，如关键字和反向链接，并相应地更新网站内容。

关键字

使用关键字研究工具，如Keyword Planner或Keyword Explorer。将与企业业务相关的词插入到网页的前160个字中，每个关键字仅使用一次。

反向链接

你的网站内容质量越高，就会有越多的其他网站希望链接到你的网站。提供HTML链接以供复制和粘贴。有一种简单的方法可以获得反向链接，那就是注册加入在线企业名录，从该名录链接到你的网站。

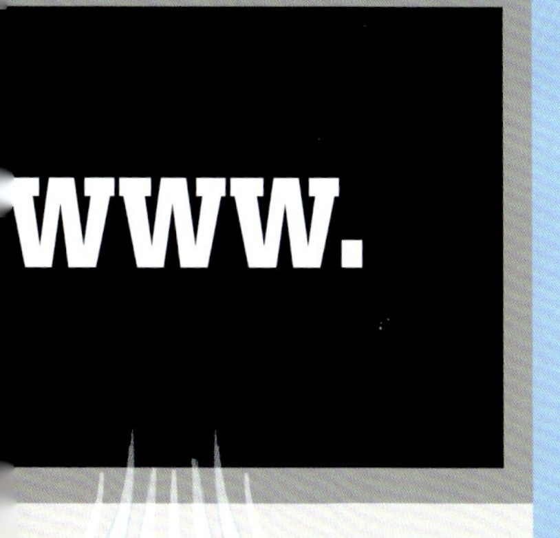

谷歌搜索结果的第一页占据了**71%**的点击量。

菲利普·彼得雷斯库
（Philip Petrescu），2014年

须知

- 广泛定位指以大众为目标。
- 狭窄定位，也被称为“兴趣小组定位”，旨在寻找特定的消费群体。
- Cookie指放在网站用户计算机上的文件，用于跟踪回头客。
- 数据管理平台是一种软件工具，使用Cookie跟踪网站访问者，并将访问者的人口统计资料和习惯汇总在一起。
- 关键字定位指使用与产品相关的关键字来提高网站在搜索结果中的排名。

内容

生成有趣的内容，保持内容的新鲜度，尽可能经常更新。这不仅有益于客户，而且可以提高企业网站的搜索排名。此外，还可以在YouTube等其他网站上发布可以链接到企业网站的内容。

社交媒体

在主要的社交媒体平台上为企业创建账户，在受众群体比较活跃或在线时发布内容。提供可以链接到企业网站的内容。

营销

建立客户数据库，征求客户的许可，是否可以给他们发送营销信息。发起电子邮件营销，给客户提供特惠，里面包含指向企业网站的链接。

广告

在不同渠道发布按点击付费的社交媒体广告，根据年龄、地理位置或其他条件设定目标客户。根据监测结果调整关键字和定位。此外，还可以把企业网址印在名片、门面或车辆上进行宣传。

保护数据

一定要保护好企业的财务数据和企业电脑上存储的其他敏感信息，避免其遭到网络攻击，这一点至关重要。采取一些基本措施，就可以化灾难为安全。

保证安全

与大企业相比，小企业更可能遭受网络攻击，因为它们在网络安全方面的投入较少，而且企业内部一般没有专门的IT团队。其实，有效的网络安全预防措施可能很便宜，甚至是免费的。

许多网络攻击的目标是计算机系统中的技术薄弱环节。所以，要确保电脑安装杀毒软件和防火墙（阻止未授权的访问程序），并保持开启状态。这就相当于在你的计算机网络和

信息安全

保护企业免受网络犯罪分子的攻击至关重要，因为他们一旦攻击成功，企业就会面临财务损失，客户和投资人的信心就会被削弱。此外，你还有保护客户数据的法律义务。必须在计算机系统投入使用之前就采取保护措施。

网络安全预算

为了保护数据，你需要购买合适的设备和软件，并寻求专家意见。

- 每天备份所有与企业相关的数据，安全存储，并与其他电脑分离开来。
- 利用硬盘驱动器和云存储服务存储数据。订阅云软件即可为所有电脑安装网络安全软件。
- 花钱雇人做风险分析，请经过认证的技术人员安装软件。

基本的网络安全措施

通过安装保护系统和控制设备使用的软件，可以防止大约80%的安全漏洞。

- 安装并打开防火墙。
- 安装并激活杀毒软件。
- 更新软件和固件（固定在硬件中的软件）。
- 控制USB驱动器和存储卡的使用。
- 保护密码，尽可能提高密码强度。

潜在的攻击者之间设置了障碍。犯罪分子还可能通过人的弱点来获取数据。为了避免这种情况的发生，你需要培训员工如何识别潜在的攻击，如网络钓鱼或恶意软件。网络钓鱼，亦称“网络诈骗”，犯罪分子会通过电子邮件诱骗接收者泄露密码和用户名。恶意软件会在你点击链接或电子邮件时安装在你的电脑上。

你可以从商业组织和政府机构那里获得免费的数据保护建议。另外，你还要确保企业符合所有网络安全法规。

63%的数据泄露事件涉及密码被盗、默认密码或弱密码。

威瑞森通信企业，《数据泄露调查报告》，2016年

须知

- 恶意软件指破坏计算机操作系统及其数据的程序。
- 勒索软件是一种恶意软件，它会使电脑感染“病毒”，要求用户以电子方式支付赎金，从而让电脑恢复正常状态。
- 拒绝服务是一种网络攻击，会让电脑或网络系统面临大量的虚假请求，这会阻止用户的正常连接，使犯罪分子获得访问权限。

计算机安全测试和更新

网络攻击者会不断发掘新方法窃取数据，因此你需要时刻保持警惕。

- “可信用户”登录后，使用漏洞扫描程序来识别计算机系统中的弱点，包括外部和内部弱点。
- 确保电脑安装最新的安全软件。
- 检查是否重置新设备和软件上的所有默认密码。

提高员工警惕性

以身作则，并告知员工网络攻击的危险及其对企业的影响。

- 就如何发现网络攻击、如何进行报告培训员工，尤其是接触敏感数据的员工。
- 鼓励员工使用安全浏览功能，以便识别可疑的电子邮件、信息、应用程序和网络链接。

寻找人才

吸引合适的人才为你工作，会提升企业的竞争优势。尽管你可能雇不起长期员工，但还有其他吸引人才的方法。

确定需求

在寻找潜在员工之前，仔细想一想有哪些需要完成的工作。招新员工需要很大的投入，因为招聘、入职和培训都要付出时间和金钱。考虑一下是否可以将工作外包给其他机构。例如，现在很多小型企业将会计和工资管理外包出去。这样就不需要雇专职人员来做这些工作，你也可以专注于企业经营。想一想某项工作是不是短期的，是否需要专业技能，如网页设计或市场营销，能否由自由职业者完成。专业的自由职业者拥有你所需要的专业知识，你可以雇他们完成特定的任务或项目。

如果某项工作是季节性的，会持续一定的时间，并且需要特定的技能或经验，那么你可能希望与员工签订固定期限的劳动合同。这种方法可以满足你的要求，而无须长期承诺和相关的费用。

宜和忌

在为企业寻找合适的人才时，一定要牢记下面这些因素。

宜

- 尝试从不同渠道寻找合适的人才。
- 确定几位候选人，以防有人会拒绝。
- 与将来可能需要的专业人员保持联系。
- 考虑可信之人的推荐，但要与其他人一起进行面试。

忌

- 承诺自己做不到的事情。
- 急于做出决定，要认真考虑每一位求职者。

吸引人才

确定所需的人才类型及聘用方式（自由职业者、合同工、全职或兼职员工）后，你就可以选择最佳的寻找方法。常用的来源有：

吸引求职者

具有良好声誉的企业，会吸引优秀的人才。如果你想知道如何让你的企业更具吸引力，那么可以问问自己的员工，了解其他管理者是如何经营企业的，或者研究一下招聘广告，看看其他企业是如何吸引人才的。拥有良好的声誉至关重要，你在向求职者介绍企业时，一定要真实诚恳。举个例子，如果你承诺会提供培训，实际上却没有做到，那么员工可能会离开，你在招聘过程中付出的时间和精力也会付诸东流。

84%的求职者表示，企业的声誉很重要。

某网站，2020年

个人推荐

让可信之人推荐人才。如果此人以往拥有可靠的业绩，通过朋友与你取得联系，那么你可以节省数月的寻找时间。

网站

除在网上发布职位信息外，你还可以使用Monster等招聘平台或领英等社交网站，让其他人知道你正在招人。

高校

联系想要帮助学生寻找实习或工作机会的高等教育机构。

人才

招聘机构

这种方法可能成本较高，但招聘机构会代表你筛选候选人，不失为一种节省时间的方法。

本地的招聘公告板

在传统的招聘公告板上张贴招聘通知，吸引本地的求职者。

专业期刊和网站

如果相关工作需要特殊的专业知识，如软件开发方面的职位，那么可以在专业媒体（专业期刊和网站）上刊登广告。

招聘

要想找到拥有合适技能、知识和态度的员工，你需要详细规划招聘流程，包括发布招聘广告、撰写职位描述、面试，然后做出决定。

有效的流程

招聘过程十分耗时，因此必须提前做好规划。想一想相应的岗位及胜任该岗位的人需要具备什么素质。虽然此人必须拥有合适的技能，但是团队合作能力或主动性等特征也同样重要。举个例子，如果这个岗位需要一个能够独当一面的人，那么此人就要足够自信，能够应对各种问题，而不是顺从他人。此外，你还可以看一看类似的职位广告，了解一下工资水平和相关职位所需的关键技能。

招聘渠道有很多，包括招聘网站和朋友牵线。想一想哪种渠道可以找到适合相关岗位的人，然后开始招

寻找合适的人

职位描述有助于吸引和评估求职者，从而选出面试对象。制订详细的面试计划，可以指导你选出合适的人。

撰写职位描述

这是招聘过程中必不可少的一步，因为它决定了会吸引哪些求职者。有效的职位描述会让求职者清楚地了解相关的工作岗位及其所需的特定技能和知识。

- 清晰地写明岗位名称，包括该职位上的人在整个企业扮演的角色。
- 描述所需的合理技能、经验和资历。
- 描述职责和责任，不要使用专业术语或流行语。
- 详细列出工作条件，如工时、工资、工作地点和假期津贴。

审核求职申请

职位描述相当于一份评估求职者的指南。职位描述中列出的技能和资历可以用来确定求职者是否满足企业的需求。

- 将求职申请分为三类：可能、不确定和不太可能。
- 重点放在技能和经验上，而不是名字之类的个人详细信息上，否则可能会导致无意识的偏见。
- 寻找在相关领域有一定经验但在新岗位上还可以学到东西的人。
- 做笔记，为面试阶段的问题打好基础。
- 若碰到不适合该职位但可能适合未来某个职位的求职者，需要做好存档，将来可能会联系。

聘。想一想招聘过程都需要谁参加，时间怎么安排，预算是多少。

接下来，制订一份入职计划，把新员工介绍给企业同事。

注意

- 确保面试时间的所有问题都不存在歧视，并且与相关岗位有关。
- 避免问婚姻状况或宗教信仰等个人问题，这可能会引起法律诉讼。
- 健康和残疾也是敏感话题。

全球随时都有**30%**的劳动力正在寻找工作。

领英商务解决方案网站

入围和面试

用候选名单列出适合的求职者，让他们进入面试阶段。你可能希望先通过简短的电话面试筛掉不合适的候选人。确定面试的时间和顺序，列好问题清单，确保面试的一致性。

- 事先告诉候选人面试将采取什么形式、大概需要多长时间。
- 让候选人放松，鼓励他们多说。
- 提开放性的问题，就是那些无法简单地用“是”或“不是”回答的问题。
- 观察他们对问题的反应，认真倾听他们的回答，做好笔记。
- 找出候选人的工作动机。问问他们喜欢或不喜欢做什么。
- 让候选人谈一谈具体的工作情况，这样可以了解他们的经验。
- 设计考题检测候选人的技能。
- 随后把候选人介绍给企业员工，最好是非正式的场合，因为这样便于看出他们能否融入团队。

选择合适的人

通过面试应该可以发现哪个候选人具有最佳的技能和经验。要确保所选的候选人对工作有正确的态度，这一点以后是很难更改的。

- 确保你的选择有充足的理由。
- 给选定的候选人打电话，通知他们已经被录用。在此之前，你要确定自己知道他们的工资要求。
- 拟定合同，列出聘用条件，发给新员工。
- 通知没有被选中的候选人，感谢他们的申请，并给他们一些有建设性的反馈意见。

是否需要聘请管理者

随着企业业务的增长，你可能不得不考虑聘请一位管理者。了解管理者的职责和技能有助于权衡其优势和人员成本。

分担工作

即使创业伊始你有时间和能力兼顾企业的每个环节，但随着业务的发展，情况也可能会发生变化。你可能会发现自己分身乏术，或者缺乏带领企业实现进一步发展的能力。

如果招聘一位管理者可以减少你的工作负担，还能带来急需的专业知识，但这是一个重大的决定。管理者的工资会给企业增加大量的额外成本。此外，把权力移交给他人，你可能也会有所担心。

你可以暂时先给团队引入一位管理者，看看这对企业来说是不是一个正确的抉择。

一切向前看

虽然你仍可以独自经营企业，但也要考虑一下企业的发展方式——

做好协调工作

一位训练有素的管理者可以成功地将企业的所有不同领域整合在一起。管理者监督每个人的工作，观察哪些业务进展不顺利，问题出在哪里，并在需要时采取行动。一位优秀的管理者集以下能力于一身：

指导项目

按照达成一致的时间表和预算行事，确保实现目标。

管理员工

提供支持和必要的培训，帮助员工有效地履行职责。

调配资源

确保员工拥有有效地完成工作所需的一切资源。

你可能需要聘请员工，推出新产品，或开展目标更高的营销活动。想一想你自己可以承担多少管理工作，哪些工作可以交给经验丰富的管理者。此外，你还要思考一下现有的工作负担，随着业务的增长，工作负担会如何变化。提前做好计划，等到将来聘请管理者时，你便知道此人需要具备哪些能力和经验，你还知道自己适合掌管哪些方面的工作。此外，你也要有一个时间概念，在某个时间范围内找到理想的候选人，并做好预算。招聘管理者时不要着急，一位卓尔不群的管理者可能需要被说服才会加入一家新企业，特别是当他尚有要职在身的时候。

寻找优秀的管理者

选择管理者时，要注意以下特征：

- 总有新颖切题的想法。
- 信心十足，愿意挑战和改进现有方法。
- 全知全能，能够在没有人监督的情况下不断成长。
- 值得信赖，品貌兼优，能够激发员工的忠诚度。
- 对教导和发展团队充满热情。

维持秩序

落实有效的流程，让员工知道自己要做什么，并确保工作的一致性。

沟通交流

建立良好的沟通渠道，以便所有员工都了解自己的角色及企业正经历的事情。

完成工作

观察企业上下的情况，评估工作流程的有效性和员工福利，确保完成任务，员工各司其职。

> “管理者是世界上最具创造力的人。”
>
> **印度商人马赫西·马赫什·约吉（Maharishi Mahesh Yogi）**

多元化和包容性

多元、包容的工作场所可以引导企业走向更大的成功。从更广泛的群体中招人，营造一个所有员工都受到欢迎和赞赏并觉得自己有能力为企业做贡献的环境，这两点很重要。

何谓“多元化”？

多元化跨越种族、性别和文化。更广泛地说，它包含所有与你不同的特征或品质。我们在招人时，会有一种潜意识，倾向于寻找与我们相似的人。多元化有助于我们摆脱这种偏见，让我们思考问题时更加开放。

多元化不仅是为了遵纪守法，还可以提高企业的利润。因此，打造热情待人的文化，反映全球互联的市场是良好商业意识的体现。美国管理顾问麦肯锡公司的一项研究表明，提倡多元化的企业更能吸引到顶尖人才，员工满意度更高，企业对客户的了解更深，决策能力也更强。

多元化强调的是在招聘时和业务合作上人员的多元化，而包容性主要体现在维持开放热情的工作氛围。一家新企业需要努力促进包容性的文化，让员工放心地提出建议，而不必担心别人对他们的意见有不好的反应。

多元化的重要性

鼓励多元化对企业来说有很多好处。企业不仅可以吸引更广泛的、具有创造力的人才，而且可以与各种各样的客户建立联系。一家多元化企业还会对更广泛的受众需求有更好的了解。

策略

落实鼓励多元化的计划，涵盖招聘、入职、营销等环节。其中所涉及的每个人都必须了解多元化的好处，而不仅仅是为了遵守法律。用于推广的社交媒体应该反映各式各样的个人和团体，并与他们展开互动。

好处

思考方式相同的人可能会提出类似的想法，而且范围有限。如果让各种各样的人参与进来，那么创造力将会飙升。多元化会提高创新能力，因为人们可以各抒己见，自由地提出原创甚至打破常规的想法。

无意识偏见

研究表明，人们在做选择时可能会有一些自己没有意识到的偏见，我们称之为“无意识偏见”。这些偏见往往建立在根深蒂固的、无意识的刻板印象和信念之上。每个人或多或少都有一定的无意识偏见，很多组织会提供无意识偏见培训，目的就是使所有人意识到这些隐藏的偏见。进一步的研究表明，无意识偏见还会影响人们在招聘时决定录用哪个人，即使候选人的履历相同。因此，认识到这些偏见并加以应对，是打造开放、多元化的工作场所的关键。

反歧视法

目前，世界上许多国家和地区制定了反歧视法，防止企业因为某些特征歧视个人，这些特征包括年龄、残疾、种族、宗教、性别或性取向。从招聘广告到工作场所的平等待遇，企业在聘任的整个周期内必须依法公平地对待每位员工。政府对企业行为的审查力度越来越大。歧视不仅仅是关于刑法的问题，在某些国家和地区可能还涉及民法。也就是说，如果事实证明雇主存在歧视员工的行为，那么员工可以要求赔偿。

包容性

确保所有员工都有宾至如归的感觉，这对履行鼓励多元化的承诺来说同样重要。要想做到这一点，可能需要灵活地适应不同的做事方式。与所有员工进行公开坦诚的对话，让他们感到自己受到重视，有人倾听他们的意见。

> “多元化受邀参加聚会，包容性受邀跳舞。”
>
> 美国活动家韦尔娜·迈尔斯（Vernā Myers）

采用客户数据系统

你越了解客户，就越能满足他们的需求，也越能鼓励他们成为回头客。客户关系管理（CRM）系统在这一点上可以帮到你。

CRM系统

无论订购产品、查找特价商品、预约，还是单单问个问题，客户可能都希望在网上完成。这些互动行为被称为“客户触点”，你可以从中了解很多有关客户的信息，比如，他们对什么感兴趣、买了什么、何时买的、购买频率和消费金额。网上可以找到很多CRM系统，它们可以帮助你捕获和分析客户数据。有了CRM系统，你可以确保企业在客户需要的时候以他们愿意支付的价格提供他们想要的东西。此外，你还可以使用CRM系统管理企业与客户之间的沟通，比如，自动通过电子邮件发送发票、收据、提

使用CRM系统

CRM系统主要用来收集和分析客户信息，包括购买情况、与企业的通信记录等。通过这些数据，你可以更深入地了解客户，更好地进行定位。即使是简单的CRM系统，也有助于你建立客户关系，改善客户服务，提高企业的生产力和盈利水平。

收集客户数据

现有客户和潜在客户可以通过各种不同的方式接触你的CRM系统。抓住每一个鼓励他们这样做的机会，你就可以在他们购买之前和购买过程中了解他们的需求和期望。系统收集的数据越多，你得到的信息就越多。下面是一些收集数据的方法：

建立网站
创建一个引人注目的网站，用来吸引用户、推广业务、促进销售、营造口碑效应。

使用社交媒体
在社交媒体上为企业创建账户，发布相关内容，吸引客户与你互动。

定期通过网络联系
通过电子邮件给客户发送根据其兴趣为其量身定制的快讯。撰写博客，发布有关企业的视频。

奖励客户
奖励向他人推荐你的企业的客户；奖励回头客。

推广产品或服务
定期提供折扣和特别优惠，吸引客户的注意力。

与客户见面
策划各种与客户互动的活动，邀请人们加入你的邮件列表。

改善客户体验
为客户提供超出他们预期的体验，给他们留下深刻的印象。提供个性化服务、优质产品、独特包装，及时交货。

处理投诉
正确处理并解决投诉。如果客户购买后需要安装或服务，那么要及时跟进，并在网站上提供常见问题详细的解答。

醒、市场营销材料或促销优惠信息。

投资CRM系统

你可能想等到企业成立以后再安装CRM系统。要知道，你越了解客户，企业就越有竞争力。有许多可用的CRM 系统，包括定制系统，你可以上网咨询CRM顾问，获得独立的建议。

须知

- 联系人指现有客户，他们已经从你这里购买了产品或服务。
- CRM系统通过交易自动捕获客户数据，并进行分析。
- 数据分析的对象是收集的信息，它有助于企业更有效地运营。
- 潜在客户指未来可能成为企业客户的人。
- 净推荐值指根据客户向他人推荐产品或服务的意愿来衡量客户的满意度。

“企业的唯一目的是吸引并留住客户，而利润只是这一过程的回报。”

客户关系管理教授弗朗西斯·巴特尔（Francis Buttle）

利用客户数据

收集的数据越多，对客户的了解就越深。你可以对这些数据进行组织分析，形成有用的信息，指导未来的企业决策。

- 确定客户特征，包括他们的购物习惯、购买季节、购买时间、特殊兴趣，这有助于你定位特定的群体。
- 注意模式和趋势，比如，时尚趋势和不断增长的兴趣，这些可能是你可以挖掘并加以利用的领域。你还应该注意不断成长的新市场和衰退的市场。
- 分析营销活动的反响，监督其效果。如果客户没有回应，就需要尝试另一种方法。
- 针对高消费客户发起个性化的营销活动。

利用客户洞察

通过CRM系统，你可以看到客户的行为会随着时间的推移而变化。这些信息对你的企业有如下好处：

- 了解客户的喜好和期望，从而满足他们现在和将来的需求。
- 确保营销活动的针对性和有效性。
- 胜过竞争对手，尤其是那些没有CRM系统的竞争对手。

准备开业

在开业之前，专门设定一个阶段来测试从品牌到产品的各个环节，根据需要进行调整，确保顺利开业。

提前准备

周密的开业前规划可以确保企业为开业做好充分的准备。开业前的这段时间很重要，要对产品或服务、品牌、网站、营销方式及其他任何关键环节进行小规模测试。开业前的几个月，要从一小部分目标群体那里获得反馈，若有必要，你还有时间调整方法，应对批评，融入有用的新想法。

为了降低成本，你可以与尽可能多的朋友、同事和家人讨论想法，尤其是那些与目标客户特征相匹配的人。向他们展示你计划推出的产品，让他们给出诚恳的意见。

询问与目标客户特征相匹配的人，他们使用哪些社交媒体或互联网论坛。他们的喜好有助于你决定要获得更客观的判断应该调查哪些外部群体。如果你正在建设网站来支持企业的业务，那么可以考虑设计一个登录页面，上面是开业的倒计时。为了收集客户信息，你也可以增添特价活动，吸引潜在客户注册并关注企业的最新动态。

在全球范围内，只有**55%**的产品按计划发布。

高德纳咨询公司网站，2019年

测试策略

此时，你已经开发了可以吸引特定群体的产品，接下来就要找出目标群体聚集的地方，包括线上和线下，并征求他们的意见。你可以通过销售类似产品的网站找到他们，做简短的在线调查，或在购物中心进行访谈。如果负担得起，你还可以使用焦点小组。

测试和试用

要想完善产品，可以使用以下方法：在目标群体经常光顾的网站上进行点击量测试；在商店试用；举办快闪店活动。

反馈机制

问问家人、朋友和同事的意见。进行简短的在线调查，向客户提问，设置一个专门征求意见的网页。

开业前检查清单

- 调整产品或营销计划，然后重新测试。
- 如果有网站，那么测试网站的功能，并请他人对其进行测试。
- 收集宣传方面的联系人，比如，杂志编辑、博主和社交媒体上的网红。
- 确定最终的营销和促销计划，包括何时与谁进行沟通。
- 为开业之前的日子创建时间表，如果可以，针对计划中的所有活动进行演练。

使用焦点小组

成立焦点小组的成本并不低，但非常有效。你需要一个场地，与客户特征相匹配的5～10位参与者，还需要一位主持人，围绕产品提出精心设计的问题。

口口相传

在花大价钱举办营销活动之前，先想一想有没有低成本的方法，如自己推广产品或服务，以促进销售。

广而告之

要想促进销售，产品或服务的营销必不可少。虽然创业伊始你可能没有钱开展专业的营销活动，但你可以用最低的费用进行宣传。这种方法称为“自然营销”，它需要的只是时间、精力和创造力。

自然营销旨在把信息传达给潜在客户，包括写博客、参加本地博览会、分发样本或在免费的在线名录上发布企业的详细信息。

这种方法不如传统广告那么直接，所以其好处可能需要较长的时间才能显现出来。不过，研究表明，超过70%的消费者会忽略付费广告，而相信基于客户体验的“口口相传”，因为这种信息看起来更真实。所以，即使你能够负担得起传统的营销方法，自然营销也可以继续使用。

利用自己认识的人

- 让亲朋好友在线上和线下向他们认识的每个人介绍你的产品或服务。
- 联系有业务往来的人和前同事，让他们帮忙推广。

创造性的方法

营销的主要目的是促进销售，它应该与公关活动结合起来。采用自然营销时，要有创造力，使用尽可能多的方法和渠道瞄准潜在客户。但是，一定要保证采用的方法与品牌和企业的价值观相一致。

代表企业出席活动

- 参加行业活动，谈论并展示企业的产品或服务，介绍自己并建立联系。
- 参加社区活动，如展销会，结识潜在客户，展示自己的产品或服务。

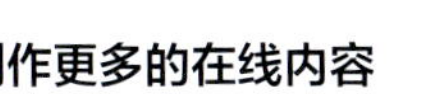

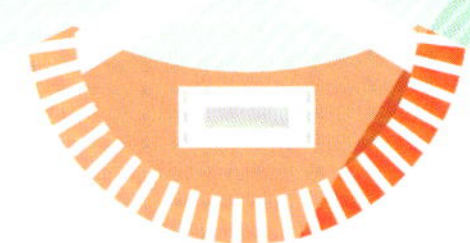

制作更多的在线内容

- 在视频共享网站和论坛上展示和推广产品和服务。
- 为产品和服务写博客和文章。
- 发布满意的客户所写的好评，鼓励客户写评论。

利用社交媒体

- 在社交媒体上加入所有相关的小组，突出介绍自己的企业。
- 与你赞赏的企业在社交媒体上建立关系，给它们点赞，分享它们发布的信息。
- 加网红为好友，吸引他们的关注者查看企业资料和网站。

使用各种渠道

- 建立网站以推广产品或服务，即使一个基础的网站也可以。
- 在所有相关的本地和在线企业名录中发布企业的详细信息，同时加上企业的网站链接。
- 使用拍卖网站销售和推广产品。

提供促销产品

- 为现有客户的亲朋好友提供优惠。
- 奖励把产品或服务推荐给他人的客户。
- 提供赠品，举办竞赛，让人们试用产品或服务。

尝试其他策略

- 呈现别样或有争议的产品，举办类似的活动，引起人们的注意。
- 提供免费样品、产品或服务的迷你版，鼓励人们试用。

84%的千禧一代不相信传统广告。

麦卡锡集团，2014年

制造话题

营销会促进产品或服务的销售，而公共关系（PR，即公关）有助于推广企业和品牌。公关是帮助客户产生兴趣、提高忠诚度、推动销售的宝贵工具。

宣传

作为新手老板，你一定要学习如何通过公关来树立并维持企业和品牌的正面形象，这一点十分重要。这是树立品牌个性的关键，可以极大地影响人们对你的企业的态度，包括客户、供应商甚至投资人。

公关是一个持续的过程，从创建品牌形象开始，这包括树立什么样的品牌形象，以及它具体代表什么；然后，通过宣传用心管理外部对企业或品牌的看法。

媒体报道是一种重要的公关工具，可以用来吸引受众。举个例子，如果记者或网红写一篇关于你的企业的文章，那么这相当于宝贵的免费宣传。开业时，要宣传品牌背后的故事及创办企业的原因。策划开放日等活动，参评行业或社区奖项，分享企业的趣闻逸事。利用免费的网络监测服务，如谷歌快讯，实时检查媒体是否提到你的企业，同时跟踪竞争对手的状态。

使用网络

网上有很多免费宣传企业的机会。如果可能的话，要建设自己的网站，或使用社交媒体或本地论坛。

- 宣传特价促销等活动，吸引人们关注你的企业。
- 分享企业的新闻报道，如有趣的活动、新产品、新服务或重要的成就。
- 在网上为自己和员工创建个人档案，让企业看上去更有生机。定期更新档案，用它们来促进企业的发展。

融入社区

人们喜欢支持自己所在的社区，包括本地企业。作为社区的一分子，你的企业会从中受益。

- 策划开放日，让人们见到你和你的员工，同时看到企业提供的产品或服务。
- 加入本地的商业组织，为本地做贡献，分享你所参与的活动。
- 赞助本地的活动和项目，参加各种节目和活动，为本地的公益事业和慈善机构筹集资金。

“让公关讲一个好故事比首页广告更有效。”

企业家理查德·布兰森爵士（Sir Richard Branson）

传播

宣传并不一定成本高昂，特别是在企业以本地客户为主的情况下。确定目标客户，围绕他们开展宣传和公关活动。大多数人喜欢有特惠和免费赠品的促销活动。不过，有些人可能更容易对直邮信息做出回应，有些人可能更喜欢社交媒体上的帖子。下面这些宣传方法有助于形成口碑效应。

案例分析

无印良品

日本零售商无印良品一直通过广告之外的渠道讲述其“无品牌”的故事。无印良品依靠宣传、店内活动和演说讲解其产品背后的想法和口口相传的秘诀。这种安静的传播方式是无印良品这一品牌的一种体现，使其从竞争对手中脱颖而出，并建立了忠实的客户群。从新加坡到纽约，无印良品在很多国家和地区开有门店。

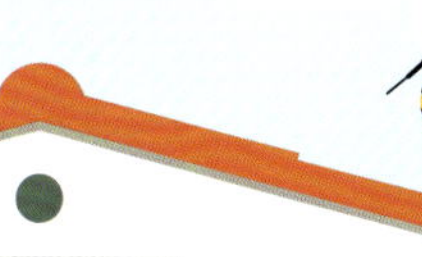

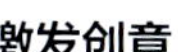

激发创意

公关的重点就是让人们对你的企业产生兴趣，并且与人进行讨论。想想如何通过新颖的方式来推广品牌，吸引他人的注意力。

- 制作能够启发或给他人带去快乐的海报或传单。制作电子版，以便人们可以分享转发。
- 时不时地发布企业独有的、新颖的产品或服务。
- 举办创新竞赛，如本地寻宝或在线拼图。

充当企业的脸面

身为老板，你就是品牌的核心。利用自己的知识和热情打造积极的公关形象。

- 与本地媒体建立良好的关系。邀请它们参加活动，分享故事，发布新闻稿。
- 成为所在领域的专家，提升个人形象和企业信誉。
- 在本地或行业活动中发表演讲，加入并发起各种活动。

打广告

除通过营销和公关活动推广企业外，你还可以利用付费广告进一步提升企业的知名度。打广告时，一定要选择适合目标群体的媒体。

选择渠道

在你通过促销活动敞开大门做生意以后，你可以通过付费广告扩大企业的覆盖面。在激烈的市场竞争中，一定要采取正确的方式与目标群体沟通。如果企业的目标群体是年纪较长的人，那么在纸媒或广播中打广告的传统方法可能更有效。不过，这比基于互联网或移动技术的网络广

传统广告	利	弊
直邮	能够接触到本地或特定的目标群体，如餐厅食客 直接送到客户的住处或办公室 成本低	可能会被视为垃圾邮件而被丢弃 通常响应率较低
报纸	发布速度快 围绕特定主体的板块可以发布针对性较强的广告 可以附带优惠券	无法控制广告的位置 与同版面的其他广告（包括竞争对手的广告）争夺读者的注意力 保存期短，印刷质量低
杂志	往往可以传阅数月 专业杂志和主题栏目可以刊登针对性较强的广告 印刷质量高，为品牌增添声望	难以获得准确的传阅数据 必须提前计划 与在报纸上投放广告相比，影响的人群更广泛，所以价格更高
广播	成本低，容易制作 有益于吸引特定的目标群体 能够立即产生销量	听众往往会在广告期间关闭收音机 需要频繁播放才能产生影响 上下班高峰时间的广告竞争激烈，成本高
广告牌	十分醒目，信息清晰，始终可见 与其他媒体相比，可以更快被人们看到，成本更低	文字长度有限 黄金地段竞争激烈 数字广告牌更有效，但比传统广告牌贵得多
影院	具有创意的专业广告可能会给人留下深刻的印象 俘获观众 影响力大	观众人数有限 观众可能在广告播完后才走进演播厅
电视	覆盖本地、全国甚至全球的观众 具有视觉和听觉冲击力 为品牌增光添彩	通常比其他渠道成本高 重复播放可能使观众产生疲劳感 观众在网上观看电视节目时可能会忽略或跳过广告

告更昂贵。网络广告更加灵活，因为它不受固定出版或播放时间的限制。此外，你也更容易准确地追踪响应率，响应率是计算投资回报率时所需的变量。研究每一种广告渠道的利弊，看看哪一种对你的目标群体来说更有效、更经济。

“2017年，英国的互联网广告支出超过了所有其他形式的广告支出。”

英国数字、文化、媒体和体育部，2019年

网络广告

	利	弊
电子邮件简报中的广告	相对来说成本不高，需要优质软件和电子邮件列表 可以批量发送电子邮件 轻松追踪响应率	建立邮件列表需要一定的时间，购买邮件列表可能会很贵 广告的针对性较差 电子邮件可能被删除或被标记为垃圾邮件
按点击量付费广告	成本不高，因为只有当有人点击广告时，才需要付费 视觉上引人注目，可以树立品牌知名度 轻松定位特殊的兴趣或主题	不能保证网友会点击广告 广告拦截工具会阻止用户看到广告 点击率比付费搜索广告的低
付费搜索广告	成本不高，因为搜索引擎仅在用户点击广告时才收费 点击次数易于跟踪 点击率比其他按点击付费的网站横幅广告和陈列式广告高	需要大量测试才能确定有效的关键字 不能保证点击的人一定会购买 预算与结果之间没有直接关联
手机广告	一般来说开发成本较低 可以快速轻松地跟踪广告效果 借助定位技术，可以瞄准特定的群体 可以单独与用户互动	很难为不同尺寸的屏幕和不同的系统打造统一的广告，而且成本很高 插入广告可能会让用户感到厌烦 负面体验很容易传播开来
社交媒体赞助	赞助社交媒体上与目标群体有联系的网红，可以提高品牌的知名度 正面提及产品或服务会提高品牌忠诚度	关注者多不一定意味着较高的参与度 网红的吸引力可能会有所波动
社交媒体广告	轻松定位特定群体 提高品牌知名度 比传统广告便宜	不断发布的帖子和更新内容会转移用户的注意力，使他们不再关注已投放的广告 需要持续监督，才能让用户保持兴趣，同时找到新用户

充分利用社交媒体

因为社交媒体的存在，你的企业可以随时随地与现有客户和潜在客户进行互动。要想充分利用社交媒体，你需要选对平台，使用有效的策略。

选择合适的平台

首先，你要确定通过社交媒体想达到什么目的，比如，树立品牌、吸引新客户、与现有客户建立更好的关系。看看竞争对手都在使用哪些平台，这有助于你确定适合的平台，还可能激发新的想法。为了做出更好的选择，你可以了解客户都在用哪些平台，并将你所建立的客户个人档案（你想吸引的那些客户的个人档案），与大多数流行的平台提供的商业工具中的用户信息进行比较。

一旦确定计划，就要付诸实践。首先要创建引人入胜的内容，包括帖子、图片或视频，然后将其发布在合适的平台上。

创建账户

首先选择一个以“@”开头的用户名，如“@企业名称”。最好所有平台都使用相同的用户名，如果能与网站域名匹配就更好了。其次，所有平台使用相同的徽标或照片，方便人们辨识。最后，添加引人注意的企业简介，并随时更新。

选择合适的社交媒体平台

有六个主要的社交媒体平台。此外，你还可以寻找其他社交媒体平台。

- 脸书：用于展示产品或服务。
- 照片墙：分享视频和照片，并与客户互动。
- 色拉布：目标是12～34岁的用户，提供折扣和优惠码。
- 推特：发布最新的新闻、公告和促销信息。
- 领英：发布专业内容，如职位空缺，以建立信誉。
- YouTube：发布教育教学视频。

在不同平台分享内容

- 发布一致的信息，但要根据不同的平台风格重塑内容。
- 调整信息，用词和语气要符合相关平台。
- 充分利用每个平台对字数的限制来增强影响力。
- 检查图片，根据平台的需要调整大小。

扩展用户的覆盖范围

- 尽可能让更多的用户看到你创建的内容。
- 使用“#”加上某个词创建易于搜索的短语，包括你的企业名称。
- 鼓励用户参与，如点赞、评论和分享。

现有客户

与现有客户互动可以让他们继续购买你的产品，提高他们的忠诚度。

创建内容

- 发布引人注目的内容。
- 定期更新内容，保持一致性。
- 创建个性化的内容，以适合目标群体。
- 使用鲜明的图片或生动的图表来吸引注意力。
- 为平台量身定制内容，但要以品牌为核心。

如何做到

- 首先使用免费的在线工具来跟踪和衡量社交媒体的互动效果。
- 以积极的方式回应网上的负面评论，避免防御性或煽动性的回复。
- 将社交网络个人档案的链接添加到你的网站、电子邮件签名、促销材料、文具和名片中。

跟随潮流

- 找到企业所在领域内与你的品牌较匹配的网红，即在社交媒体平台上拥有大量关注者的人。
- 订阅社交媒体博客（在线文章和评论），了解最新的趋势。
- 在谷歌趋势上浏览搜索较多的话题。
- 加入相关的网络论坛，了解论坛成员都在谈论什么，对什么感兴趣。发起与企业相关的话题，并引导大家讨论。

投放广告

- 选择与企业和客户较相关的平台，把用户或“流量”引至自己的网站。
- 投资网络广告，按地理位置、购物方式、个人兴趣和其他人口统计学指标定位买家。
- 举办引人注目的优惠活动，吸引客户的注意力，与其进行互动。
- 确保广告的图形设计清晰简单，标题容易记住，或两者兼具。

如果企业有自己的网站

- 链接到企业的网店，也就是成交的地方。
- 不断更新网站内容，包括新闻、博客、新产品和趋势。
- 在社交媒体平台上推广网站内容，如博客文章和图片，提升网站流量。
- 在网站上添加可以链接到脸书、照片墙或其他网站的“分享”功能，鼓励用户在社交媒体平台上分享网站内容。

潜在客户

提升形象，吸引新客户，他们可能会传播有关你的信息。

建立人脉

作为创业企业的老板，你需要建立人脉，这样企业才能被更多人知道，同时获得更多人的支持。随着企业的发展，这些人脉可能会发展成互惠互利的关系。

见面

网络技术为我们提供了很多很好的联络方式。新冠肺炎疫情暴发以来，视频会议平台应运而生。Zoom、Microsoft Teams、谷歌环聊和Skype等应用程序为世界各地的人们提供了见面、开会、共享资料、为决策投票等功能。

不过，如果可能的话，面对面的沟通更容易建立融洽的关系。肢体语言是交流的重要组成部分，能够看到并读懂对方的反应有助于理解和交流。这是一种建立信誉和信任很好的方法。

不必害怕面对面建立关系，你可以将其视为增加曝光率的方法，从中发现有助于企业发展的机会。设定一个结识更多人的目标，进行有意义的互动，建立个人和工作关系。寻找与企业所在行业相关的社交活动、兴趣小组和行业协会，建立人脉。

维系关系

建立人脉不仅仅是结识新人。你可以列两张清单。第一张是目标清单，其中包含你打算要结识的人，如行业里有影响力的人。第二张清单包含你当前认识的所有人。看看与哪些人的关系需要维持和加强，每周至少与其中一个人一起喝杯咖啡或打个电话。不要有任何假设，问一些开放式的问题，可以更容易看清你们之间的关系。要尽可能帮助认识的人，即使是用电子邮件发送一篇文章的链接也好。

如何有效地建立人脉

有一些重要的方法可以提高面对面建立关系的成功率。

- 穿着正式得体。
- 认真倾听对方说话，找到共同的兴趣点。随后礼貌地离开，继续去结识他人。
- 把建立关系而非销售当作目标。
- 与想要结识的人交换设计精美的名片。
- 通过电子邮件或社交媒体跟进。

维杰·纳哈尔-沃森
（Veejay Nahar-Watson）
董事总经理
Any Business企业
vnaharwatson@anybusiness.com
www.××××××.com
+12 3456 789012

如何做到

- 与当前认识的人保持联系来培养和维持关系，但未经他人许可，请勿将其添加到你的电子邮件列表中。
- 信任是所有关系的基础，因此务必兑现见面时分享的任何信息。
- 推出新产品或服务时通知认识的人，寻求有相关经验的人的意见。

如何面对面建立人脉

从同行到行业专家，想一想可以和哪些人建立良好的关系。见面的机会包括早餐、会议和商务俱乐部。加入一个经常见面的团体更有可能维持长久的关系。

找到兴趣

任何有价值的关系都始于好奇心和真正的兴趣。要平等交谈，分享信息，交往中保持真诚。

早交朋友

尽早建立人脉，迅速与同行建立关系。

建立列表

逐步建立联系人列表，确定哪些人可能会对你有帮助。他们不一定是那些经验丰富的人；还可以考虑那些可能和你相互扶持的人。

提供帮助

可以把建立关系看成交易，要帮助他人，如向他人提供建议和有用的信息或推荐专业人士。

4 企业运营

提高客户忠诚度

建立忠诚度高的客户群有助于产生可持续的稳定收入，并且在不确定的情况下促进成交额。忠实的客户会把你的企业推荐给他人，这也有助于企业的发展。

客户忠诚度

有些客户会成为回头客，因为他们熟悉你，而且不想浪费时间找新的卖家，那样不仅需要更多的精力，可能还要冒更大的风险。

有些客户之所以选择你，可能是因为你的价格最便宜。如果竞争对手有打折活动，他们很容易就会被吸引过去。这些客户很难保持忠诚度，但如果你在销售的同时把客户服务做好，那么至少会收到一些好评。

忠诚度高的客户是那些看重你的产品、服务或品牌质量的人，他们很喜欢从你这里购买产品或服务的体验。收集客户反馈，并据此采取行动，改善企业与客户的互动，这将进一步提高客户的忠诚度。

客户推荐

实际上，忠实的客户可以成为企业额外的促销手段。市场研究表明，85%的消费者对网上评论的信任程度与亲人朋友的推荐一样。所以，关键要说服忠实的客户向别人推荐你的企

77%的消费者表示，他们购买特定品牌的东西已有10年或更长的时间。

某网站，2018年

建立关系

大多数客户会上网研究各种产品、品牌和服务提供商，因此他们会对所选的东西寄予厚望。周到、个性化的客户服务是留住客户并与他们建立情感联系的重要工具。这种情感纽带的关键在于互动时在客户的心中留下回忆。记住客户的名字，简化交易过程，为客户提供一些特别的东西，都会令他们难以忘怀。简言之，要确保客户体验的各个环节畅通无忧，消除一切负面影响。

业或品牌，或者在网上写评论。客户推荐计划可以有效地促进口碑传播，如给推荐他人的客户或被推荐的人提供折扣。

如果客户体验很好，可以让他们在网上写评论。要在他们高兴的时候邀请他们写评论，一般可以选他们收到产品或接受服务之后。也可以提供奖品或其他奖励，这可能会鼓励客户做出回应。

收集客户反馈

收集有关客户需求的信息有助于企业改善产品和服务，从而建立客户忠诚度。

- 用电子邮件发送简单的调查问卷，客户可以给每个条目打分，1～10分不等。
- 如果企业有自己的应用程序，那么可以弹出一两个与客户当前所在页面相关的问题。
- 网站设计有实时聊天功能，客户可以提出问题，你也可以征求他们的意见。
- 遇到负面评论，立即给予回复，并提出补救措施。
- 当与客户面对面时，询问他们的需求并记下他们说的话。
- 观察客户在网站上的行为，比如，在网站上停留了多长时间，点击了哪些产品，以及多久会再来。

提升客户体验

如果想提高客户忠诚度，那么需要尽可能让客户感觉每个环节都很便利，令他们愉快，比如，容易查找产品、购买过程顺畅、发货快速可靠、售后服务贴心优质。

提供引人入胜的内容
向客户提供有用的信息或激励他们，以此吸引他们的注意力。这将鼓励他们成为回头客，从而使你比竞争对手更胜一筹。

特惠和社会行动
为回头客提供礼物和折扣是提高客户忠诚度的一种方法。另外，支持客户所关心的事业或社区也会吸引他们的注意力。

管理预期
说到物流，客户希望知道产品或服务将在何时交付，以及预期的质量或服务水平如何。

优质的客户服务
周到、一致的客户服务对于提高忠诚度很重要，它可能包括有针对性地快速回复客户的电子邮件或提供超出客户期望的服务。

建立客户关系

所有客户都是你的宝贵财富，尤其是那些支持你的品牌并推荐给他人的回头客。你可以与他们建立牢固的关系，鼓励他们帮助你的企业做宣传。

客户满意度

从你的企业购买产品或服务的任何人都是有价值的。不过，比较起来，有些客户更有价值。虽然只买一次的人也有价值，但价值高的还是那些支持你并向他人推荐你的企业的回头客。

虽然有些人买过一次就不会再买了，但还有些人你可以与之建立更牢固的关系。首先要知道他们是谁，他们的需求是什么。知道了这一点，你就可以开发满足他们需求的产品或服务，然后以合适的方式进行推广，让目标客户看到产品或服务。

要想与客户建立联系，首先要了解他们。你可以与客户面对面交谈，在社交媒体上与他们互动。接下来，你可以利用所得到的信息确保产品或服务满足客户的期望，甚至超越他们的期望。用产品、客户服务和售后服务的质量向客户证明，他们可以信任并依赖你。

你还可以通过有针对性的促销活动更有效地定位目标群体；沟通时把客户当作重要人物来看待。

营销

确定潜在客户，制作能够把他们的注意力吸引过来的营销材料。

传播和活动

开展专门针对目标客户的营销活动，让他们对你的产品或服务更感兴趣。

质量和可靠性

提供超越客户需求和期望的优质产品或服务。

如何建立关系

与客户建立关系是一个循序渐进的过程，首先你的企业看起来必须与客户有关。如果引起了他们的注意，那么你需要激发他们的兴趣，让他们进行购买。从此刻起，你要利用自己对客户的理解与之建立并维持良好的关系。

潜在客户

潜在客户了解你的企业后，可能会被说服购买企业的产品或服务。

单次购买

客户对你和你所提供的东西有了更深入的了解，愿意掏钱购买。

客户服务和体验

客户服务和体验是企业在竞争中取胜的关键因素。虽然有些客户会被花哨的网站或时尚的购物场所打动，但有一点是所有客户都喜欢的，那就是感受到被重视和关心。要实现这一点，需要的是时间和思考，而非金钱。

定期检查你与客户的互动方式及效果。站在客户的角度思考企业的每个环节，还有你提供的产品或服务。他们会怎么看？他们会如何评价？你比竞争对手更好吗？接下来，想一想你的客户，对他们而言什么最重要？他们为什么要从你这里购买？他们为什么会再次购买？注意细节，因为人们注意并看重的往往是细节，他们记住的也往往是细节。

须知

- 客户体验管理指企业用来管理和改善与客户互动的工具和流程。
- 客户旅程指整个购买周期，从最初的兴趣到购买，再到售后服务。
- 忠诚度计划鼓励回头客，根据客户的消费额为他们提供奖励。
- 有黏性的客户指忠诚度高的消费者，他们会进行多次购买。

“2019年，法国46%的消费者因为忠诚度计划而感到自己受到更多的重视。”

统计数据平台Statista网站，2020年

支持和服务

与每位客户建立关系，并提供个性化的优质服务。此外，提供质保和良好的售后服务，提升客户对你的信任度。

忠诚度计划

让客户感受到好处，如购物有礼，为他们的朋友和家人打折。把他们添加到邮件列表中，定期与他们进行交流。

常客

客户信赖你的产品或服务，并且足够信任你，会经常从你这里购买产品或服务。

重要客户

客户开始感到自己受到重视，比起其他企业，他们更喜欢从你的企业这里购买东西。

拥护者

客户成为常客，忠诚度很高，并积极地把你的企业推荐给他人。

与其他企业合作

身为创业企业的老板，你要设法建立互惠互利的关系，这一点非常值得去做。你不仅可以与供应商合作，而且可以与在产品或服务上相辅相成的其他企业达成合作。

与人合作

虽然竞争不可避免，但你也可以与利益一致的其他企业建立良好的合作关系，并从中受益。每家企业都有自己的优势和劣势，因此与另一家企业合作可能有助于你填补商业模式中的空白或获得你所需的服务。举个例子，如果你开的是一家维修手机的企业，但无法直接接触到客户，那么你可以与销售手机配件并有可用办公空间的零售商合作，这样双方都可以受益。再比如，你提供的创新产品或服务可能会吸引大企业的支持。与另一家企业合作可以为你提供创意来源，丰富你的经验。此外，你还应该与供应

不同的联盟

与其他企业建立合作关系后，你就可以获得支持，比如，获得所需的产品或服务，或者填补商业模式中的空白。要记住，你选择的合作伙伴和供应商必须适合你的创业企业，你们需要彼此合作来维系关系。签订的任何协议都必须有益于企业，如果无益，大可放弃。

合作伙伴关系

要想建立成功的合作关系，合作伙伴的产品或服务必须与你所提供的东西相辅相成，这样有助于吸引新客户，并为现有客户提供额外价值。不管是在同一行业找寻合作企业，还是找寻网站设计和维护等服务提供商，在建立合作伙伴关系之前，你都要进行周密的计划，想一想下面这些该做和不该做的事。

宜

- 选择符合条件的合作伙伴，比如，符合你在财务状况、意愿、目标和个性方面设定的条件。
- 签订正式协议，记录双方的期望和义务。
- 设定切合实际的目标，以便达成商定的目标。
- 保持沟通，出现问题尽早讨论，以便迅速采取补救措施。

忌

- 不要因为地理位置限制选择合作伙伴的范围，因为好的合作伙伴可能来自世界的另一端。
- 不要接受第一次报价，而要通过谈判达成适合双方的交易。
- 不要受规模的诱惑，大企业可能会提供更多的机会，但这些机会不一定适合你。
- 不要对问题视而不见，因为它们不太可能自行消失。及时达成共同的决议，可以加强彼此的关系。

商建立良好的关系，长期合作，彼此扶持。

形成联盟

因为网络和社交媒体的存在，寻找潜在的合作伙伴并不难。不过，在达成合作之前，一定要与之详细讨论你的计划。向潜在的合作伙伴说明你希望从双方的合作中得到什么，同时权衡对方期望得到的回报。双方要在共享的成果上达成一致，这一点至关重要。你们可能无须签署具有法律约束力的合同，但明确的书面协议还是必要的，这样可以避免误解，明确双方都希望实现的战略目标。

须知

- 横向联盟发生在同一行业的企业之间，这些企业可能曾经是竞争对手，但已决定合作。
- 纵向联盟发生在同一供应链中处于不同阶段的企业之间，它们决定建立合作伙伴关系，与供应商合作便是一个常见的例子。

供应商关系

与供应商建立牢固的关系是企业长期获得成功的关键因素。但是，如果你的企业仅依赖一种产品，那么拥有多个供应商可能是明智之选。供应商会从多个方面对小企业产生影响，包括产品和服务质量、交货的及时性/可靠性、竞争力和创造力，以及财务问题、付款条件。下面这些简单的方法可以确保与供应商建立互惠互利的关系：

宜

- 发展个人关系，因为供应商会重视熟悉的客户，也更有可能公平对待他们认识和信任的客户。
- 与供应商共享信息，尤其是关键的交付时间信息（这样可以避免意外发生）。
- 同意并遵守所有条款，尤其是支付条款。

忌

- 不要没有事先通知就取消订单，不到万不得已，不要这样做。
- 要记住，供应商也是在做生意，它也需要实现自己的目标，并创造利润。
- 不要为了使自己获利而挑拨两家供应商，因为它们最终可能都会与你断交。

营销等于销售吗

营销至关重要，但成本高昂。评估营销活动的有效性，查看销售是如何达成的，确保营销活动能够发挥作用。

营销投入

营销离不开创造性。人们通常认为营销是企业中最令人兴奋的工作之一。但是，因为销售额增加的因素多种多样，所以很难评估营销活动的有效性。比如，在本地发完传单后，你需要判断接下来的销售增长是因为发传单的关系，还是因为更多人搬到了这一地区。

你要将营销视为一种投资，了解哪种营销方法最能吸引客户并促进销售。营销是一个持续不断的积累过程，这一点尤为重要。

衡量成败

即使对创业企业来说，数字营销也是一种负担得起且颇具价值的选择。网上有很多免费的分析工具可以用来衡量营销的有效性，如谷歌分析，你不需要什么专业知识就可以使用。这些在线分析工具可以记录各种数据，包括网站新访客的数量、页面浏览量、付费广告的点击量、销售情况。线下的营销活动也可以进行衡量，如计算带有折扣代码的传单和广告的响应率。

除计算响应率外，你还需要评估营销活动的财务收益。以某个时间段为准，用营销支出除以吸引的新客户数量，得出的结果就是获客成本。接下来，估算顾客一辈子会在你这里花多少钱，即顾客终身价值。计算方法是：将产品价值乘购买次数，然后再乘顾客的平均寿命。如果要花200美元获取一位新客户，而他一生中仅在你这里花20美元，那么你就需要研究一下营销活动。

6. 微调

使用客户反馈和市场调研微调产品、促销信息、销售和服务。

5. 提供优质服务

与客户建立关系，将销售转变为重复购买、口碑推荐和忠诚度。

营销周期

营销过程伊始，你应该充分了解客户的需求。你可以利用需求信息调整产品或服务，并打造强有力的宣传语。提供优质的服务吸引客户，并利用他们的反馈来完善营销活动。

1. 调研

了解客户、产品、市场和竞争对手。

2. 量身打造

调整产品、价格和分销方案，以适应客户的需求和市场。

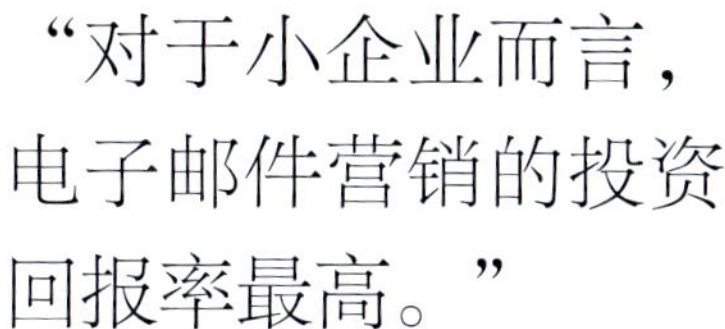

“对于小企业而言，电子邮件营销的投资回报率最高。”

电子邮件营销工具

Campaign Monitor，2019年

3. 营销

拟定宣传语，将其传达给目标客户，引起他们的兴趣，吸引他们的注意力。

4. 销售

成交，确保销售过程顺畅无阻。

追踪销售

查看整体的销售情况可能无法提供做出最佳营销决策所需的所有信息。这里介绍一些从不同角度看待销售的方法，它们有助于确定把营销预算花在哪里最合适。

- 每天、每周、每月、每季度和每年都要做好记录，并与同期数据进行比较。
- 分解数据，看看哪些产品或服务最畅销。
- 看看哪些客户买得最多。
- 记录新客户和现有客户产生的销售，关注反复购买的情况。
- 找出并比较优质的销售渠道，如面对面零售或网上交易。

分析销售数据

身为企业老板，你可以从很多不同的来源收集销售数据。但是，要想让这些销售数据变成有意义的信息，你需要对其进行组织和分析。举个例子，购买某种商品的客户列表等数据表面上没有什么实质信息，但如果按来源对它们进行分类，你就会发现大多数销售来自新客户。你可以使用简单的电子表格分析数据。

分析企业绩效

作为创业企业的老板，你需要查看企业的哪些方面达到了预期，哪些方面还处于落后阶段。关键绩效指标（KPI）反映企业的运营情况。

关键绩效指标

关键绩效指标是你为企业关键领域所设定的目标，如市场营销、销售、财务。你可以据此定期检查进度，如每周、每月或每季度进行检查。设定关键绩效指标时一定要仔细。如果设定太多的指标，或没有选对指标，那么你会被大量无用的数据所包围。与员工沟通关键绩效指标，演示时可以采用“仪表盘”的形式。明确定义关键绩效指标及其衡量方法，比如，用数量、比例或百分比表示，这样有助于每个人理解关键绩效。

目标要切合实际，设得太高，可能无法实现，设得太低，又会阻碍企

KPI“仪表盘”

与员工沟通关键绩效指标时，最好用图形来表示。你可以动手画一张简单的图表，或者做一张海报，上面标明百分比。当然，你还可以使用免费的在线软件制作数字“仪表盘”。不管用哪种方法，关键绩效指标的目的都是强调哪些地方取得成功，哪些地方需要改进，以此来激励自己和员工。

营销

- **企业网站** 流量
- **网络** 前10个搜索结果中的关键字
- **社交媒体** 帖子的分享、点赞和转发情况
- **电子邮件营销** 响应并购买商品的客户百分比
- **广告** 每投入1000美元实现的销售额

销售

- **顾客终身价值** 每个顾客一生为企业带来的收益总和
- **追加销售** 客户购买产品的同时购买相关服务
- **转化时间** 完成交易所需的时间
- **区域销售** 某种产品或服务在什么地方产生多少销售额

顾客满意度

- **流失率** 流失的客户数量
- **网站** 网站的新访客和常客
- **反馈** 高分评论的百分比
- **投诉** 投诉量与客户数量之比

业成长。定期更新关键绩效指标，以免过时。随着业务的发展，你可能需要删除一些指标，并设计新的指标。设计得当的关键绩效指标好似指南针，可以告诉你企业是否走在实现目标的正确道路上。

SWOT分析也是一种有用的工具。它能够帮助你确定可能影响企业整体绩效的内部和外部因素。

SWOT分析

SWOT分析会针对影响企业的优势、劣势、机会和威胁提出开放性的问题。找到这些因素将有助于你了解它们对企业绩效的正面或负面的影响。

- **优势** 你的企业擅长什么？有没有知识产权、特殊技能或资金来源？
- **劣势** 你的企业不擅长什么？人们为什么不喜欢或者不买你的产品？企业依赖的技术过时了吗？是否缺少战略联盟？
- **机会** 你的企业可以利用哪些外部变化？竞争对手的哪些缺点可以启发你？
- **威胁** 竞争对手可能会采取哪些措施影响你的企业？不断变化的社会或购物趋势会如何破坏你的商业计划并影响你的利润？

员工

- **员工满意度** 满意员工所占的比例
- **员工流失率** 离职员工的百分比（高流失率代价高昂）
- **缺勤和病假** 每个员工缺勤的平均天数
- **健康和安全** 工作中发生事故的数量

运营

- **产品** 产品缺陷率
- **产量** 每小时或每天生产产品的数量
- **效率** 在指定时间内完成任务或交付的百分比
- **日常费用** 实际产生的能源消耗、水费和租金

财务

- **客户付款** 按时付款的客户的百分比
- **费用支付** 在30天、90天内支付的发票的比例
- **利润率** 与期望水平相比的毛利润和净利润
- **库存周转** 卖光库存所花费的时间

保持动力

在运转起来之后，继续保持动力对企业而言至关重要。经营企业是一个持续的过程，需要不断研究创意、开发产品、寻找新市场、扩大客户群。

持续发展

商业计划中设定的目标可能需要数月甚至数年才能实现。为了实现这些目标，需要采取措施保持企业的发展势头。也就是说，你要不断提升业务和运营方式，寻找降低成本和增加利润的方法。此外，你还要寻找新的产品和服务，改进现有产品和服务，这对于营销活动尤其重要。营销活动在吸引客户和达成销售中起着重要的作用。

保持动力并没有什么具体的过程。你可以把它看成一个基本目标，告诉企业的每一个人。为了提高实现目标的可能性，你要为自己设定目标并衡量结果。例如，你可能希望在交易的第一年内将材料成本降低10%，或者在六个月内吸引一个新的客户群体。

实现目标

虽然保持动力对企业的各个方面都很重要，但影响最大的莫过于营销活动。客户很容易失去兴趣，很容易被竞争对手吸引过去，所以不断完善营销活动至关重要。你可以采用一些不同的方法。

建立联系

参加研讨会和活动，倾听别人的发言，提出自己的问题，使用领英等平台的人脉资源。

找到合作伙伴

与能够帮你提升品牌影响力的企业合作，寻找销售渠道和供应商。

如何做到

- 借鉴成功的竞争对手的创意来改善企业的运营方式。阅读媒体上发表的专业文章，看看竞争对手使用的是什么方法。
- 用简单的几句话向企业员工说明保持动力的必要性，用这几句话来提醒自己和员工。
- 不要被短期的成功所蒙蔽，如果你不继续改进和发展业务，那么短期的成果很容易化为泡影。

制订营销计划

为广告、贸易展会和在线活动等做好时间安排，设定截止日期。

安排特惠活动

定期安排与促销有关的特惠活动，如免费试用、折扣、买一送一、优惠券。

申请奖项

申请相关部门和地方的奖项，这有益于公共关系，提高客户信任度，激励员工。

掌握销售情况

了解目标客户，设计活动，收集客户信息，寻找销售线索。

制订忠诚度/推荐计划

通过激励措施留住现有客户，吸引新客户。

检查、评估和改进

设定目标，定期检查，找到有效的方式，以此为基础发展业务。

开发新产品和服务

定期检查现有产品和服务，同时开发新产品和服务，是提升业务最有效的方法之一。这样做有风险，成本高，但也会带来回报。下面这几点需要加以考虑：

- 记录潜在的产品创意，它们可能来自客户、家人、竞争对手、媒体文章。
- 测试概念，向客户提供样品或在选定的客户中测试新服务，看看相关创意是否可行。
- 分析市场，查看趋势和竞争情况，评估新的机会。
- 利用客户反馈和相关的市场分析来开发产品。
- 通过让目标群体试用新品来测试市场。
- 使用社交媒体、电子邮件咨询、季节性展会发布产品，开启销售。

管理财务

持续进行财务管理至关重要，它可以确保企业在需要时拥有可用的资金。要想做好财务管理，必须从一开始就准确记录财务状况。

做好记录

财务管理的有效性取决于账目是否记得准确。你可以通过账目查看企业有多少资金。在制作损益表时，账目也非常重要。在开始交易之前，你需要一个用来记录所有收入和支出的系统。你可以用手记，也可以使用软件。此外，你还应该记录收入或支出的类型。例如，出售资产会产生一次性收入，但常规交易可以更好地反映收入情况。同样，购买资产属于一次性支出，但常规支出更能清晰地反映企业的支出情况。

企业成本

企业成本分为两种类型：固定成本（又称“固定费用”）和可变成本。不管经营活动如何，固定成本都是一样的，所以固定成本易于预测和说明。但是，正因为它们是固定的，所以才难以降低。相反，可变成本与经营活动直接相关，因此会上下浮动。一开始你会觉得可变成本很难预测，但随着时间的推移，你在这方面会做得越来越好。由于可变成本与经营活动有关，因此你可以在必要时采取措施降低可变成本。

固定成本

固定成本是企业的固定费用，易于预测和说明。示例如下：

必须支付的租金或每月的抵押贷款。当利率变化时，支付的金额可能会随之变化。

房屋和机器的保险费在保险期限内是固定的，期限通常是一年。但每年的保险费可能有所不同。

对于餐厅、酒店产品、酒吧而言，播放音乐需要授权，出售酒类需要申请许可证，这些都需要支付一定的费用。

必须按照劳动合同为长期员工支付工资。随着员工人数的变化，支付的总金额也将发生变化。

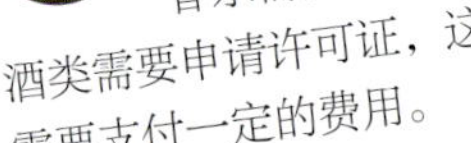

预测未来

一直保持清晰的财务记录有助于预测未来的支出和收入。你可以提前为季节性的销售波动做好规划，届时销量可能下降，成本可能上升。此外，它还可以帮助你预测盈亏，即企业将来可能赚多少钱或亏多少钱，这对于长期规划很有价值。如果你正寻求外部融资或潜在投资人的帮助，那么准确的预测至关重要。具体的记账方式取决于你和你的企业。不过，网上有很多工具可以使用，费用很低，有的甚至可以免费使用。关键在于选择一个可行的方法，并坚持记录。你要保留完整的记录，尤其是使用现金或电子方式的款项。

所有与成本和费用相关的收据都要留好。在纳税年度结束时再去寻找丢失的票据要难得多。

经营失败的企业中有**82%**是由于现金流不足而倒闭的。

smallbizgenius网站，2020年

可变成本

可变成本会因经营活动而波动，不过也是能预测的。示例如下：

材料成本与生产或销售的产品数量有关，如食品企业所用的原材料。

临时工的时薪可能是固定的，但具体工作多少个小时并不固定，会根据你的需要而改变。

水电、天然气等从某种程度上说属于固定成本，因为它们是必需的。但这些成本也是可变的，会根据消耗量的不同而不同。

对于网店来说，推介网站和第三方销售平台的佣金可能是一笔巨大的支出。有些人甚至将其视为固定成本。

须知

- 企业成本指企业运营过程中直接产生的成本，如文具、材料和设备的费用。
- 预期成本指未来可能发生的成本。这些成本只有发生时才会被计入，但它们是可以预测的。
- 可疑成本指那些既可能是固定成本又可能是可变成本的项目，如公用设备的成本，你必须使用它们，但所用的成本又不相同。
- 折旧指企业拥有的资产价值逐渐减少的情况。折旧应计入固定成本，在损益表中计为亏损。

管理预算和现金流

你的创业企业目前可能销售业绩不错，但如果没有定期的现金流入，那么你将没有足够的钱支付各种账单。因此，一定要密切关注现金流，制订合理的预算，确保企业有充足的现金。

管理预算

现金是企业的命脉。从一开始，就要有一个可靠的系统来追踪流入和流出的资金。根据这些数字，你可以估算企业何时需要多少现金来支付费用。定期对比实际的现金流与预算，你会发现两者之间的差异。接下来，你可以调整预算，并且在必要时调整支出。开始时，尽可能使固定成本（如租金）保持在较低的水平，这样你可以将大部分资金和利润用于维持稳定的现金流，使企业发展壮大。

虽然有些创业企业可以拿到大量现金，无须担心亏损，但大多数企业没有这样的资源。明智的做法是储备一部分现金，用于填补计划外的亏损。资金耗尽是新企业倒闭的一个主要原因。

如何改善现金流

不管企业能产生多少新的销售额，保持现金流都应该是首要任务，因为每个月支付房租和工资时都离不开现金流。确保资金及时流入，并且仅在必要时流出，这是决定创业企业存亡的重要因素。要做好这一点，你有几种方法可以使用，包括立即开具发票、追回逾期账款。有时候，打折出售商品、提供特别优惠，或者想办法分散业务或供应成本也会有所帮助。精确的月度现金流量表记录实际的入账和出账情况，你可以把握全局，并决定采取哪些措施。

现金流入

根据企业性质的不同，下面这些方法中至少会有一种可用于维持现金流。

- 成交后立即开具发票，避免不必要的延迟付款，或要求客户预先支付定金或全款。
- 追回逾期账款，建立流程，确保不会遗漏任何账款。可以考虑为提早付款的客户在下次交易时提供折扣。
- 大幅度折价出售滞销商品来产生现金。
- 通过降低价格或提供特殊优惠鼓励购买者，从而提升销量。

亏本经营

所有创业企业都需要稳定的现金流。但是，有些企业颠覆了传统，比如，亚马逊和特斯拉，它们早期并不赢利。现在，很多科技企业将亏损纳入计划中。这些企业早期会得到寻求长期回报、实力雄厚的投资人的资助。相比之下，大多数需要筹集资金的创业企业要从银行贷款或寻找可能要求分得企业股权的投资人。

须知

- 烧钱率指创业企业在获利之前消耗资本的速度。
- 财政赤字是一种亏损。成本超过收入时，就会出现财政赤字。
- 财务盈余相当于利润，收入超过支出时，就会出现财务盈余。
- 流动性是将收益转化为现金的能力。
- 净资产等于总资产减去总负债。

> 在澳大利亚，小企业平均被欠**38000**美元。
>
> 某网站，2020年

你的创业企业

为了促进企业的发展，你需要拥有连续的现金流。现金流由销售产生，精细的会计和财务管理有辅助作用。此外，请准备好应急资金。

应急资金

将一部分资金设立为应急资金，可以确保企业度过危机。

现金流出

分散企业成本，包括固定成本和可变成本，有助于保持通畅的现金流。

- 使用企业信用卡来推迟成本支付，你可能还会因为花钱而获得奖励。
- 付款时最大限度地利用供应商条款，如30天内支付，这样现金可以在你的账户上留存更长的时间。
- 查看常规费用，看看其他供应商那里有没有更有利的条款，同时寻求一次性的折扣优惠。
- 准确预测销量，以更好地控制库存，使用交付速度快的供应商。

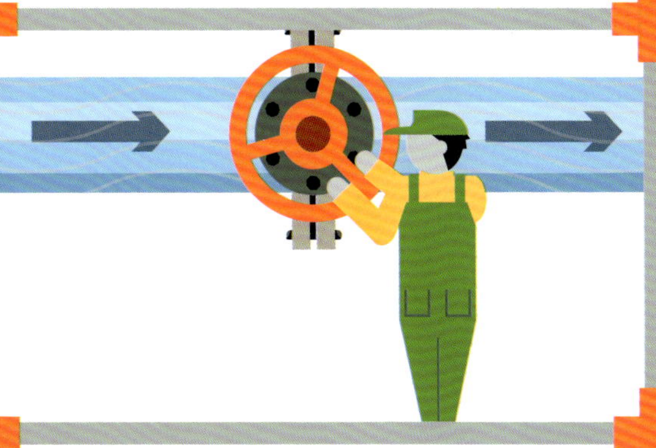

塑造企业文化

从一开始就给企业营造一种积极的氛围，这有助于激励你和员工。大家都认同的文化有助于塑造企业特色及其运作方式。

价值观

“企业文化”一词描述企业的办事方法和风格，它也反映你和员工的日常工作方式。企业文化会随着时间的推移而变化，不过，你可以建立一套反映企业初心的价值观。文化不是由一个人决定的，它需要所有员工齐心协力才会变为现实。不过，你可以先让员工和与企业相关的其他人员，如顾问或投资人，就适合企业的核心价值观达成一致。

选择简单、有意义的价值观，如诚实负责，不要选择难以解释的时髦词汇。在选定价值观后，必须将其融入企业的运营和流程。举个例子，如

塑造文化

带领所有员工和与企业有关的其他人员一起，用一个简单的流程确定有意义的价值观，塑造成功的企业文化。

让大家发言

找出大家看重的东西。看一看其他企业如何表达自己的价值观，哪些有效，哪些无效。

捕捉想法，加以讨论

想法都是好的，把所有正面的想法都记录下来。探索价值观及其与企业的关系。

理顺想法

把价值观放到一起，根据它们会对企业产生的影响进行排名。合并相似的价值观，直到最后剩下十个左右。

果创新是企业的一种价值观，你就要允许员工冒险犯错，不要因此而惩罚他们。

此外，你还应该让客户和供应商了解你的价值观，以便他们更好地了解你的企业，这有助于你们建立更积极的关系。

付诸实践

要想使文化渗入企业的每个角落，你一定要有大局观。

- 首先将价值观融入企业的所有部门。
- 将价值观传达给所有与你共事的人。
- 在与员工、客户和供应商打交道时积极地践行价值观。
- 根据当前而非将来可以实现的目标，决定采用哪种价值观。
- 创建一个帮助记忆的词，如ICE，它代表创新（Innovate）、创造（Create）、激动人心（Excite）。
- 避免使用没有意义的陈词滥调，如“团队中没有‘我’这个字”。
- 使用生动的语言，如“做正确的事”（谷歌母企业Alphabet的价值观）。
- 用价值观指导招聘和决策流程。

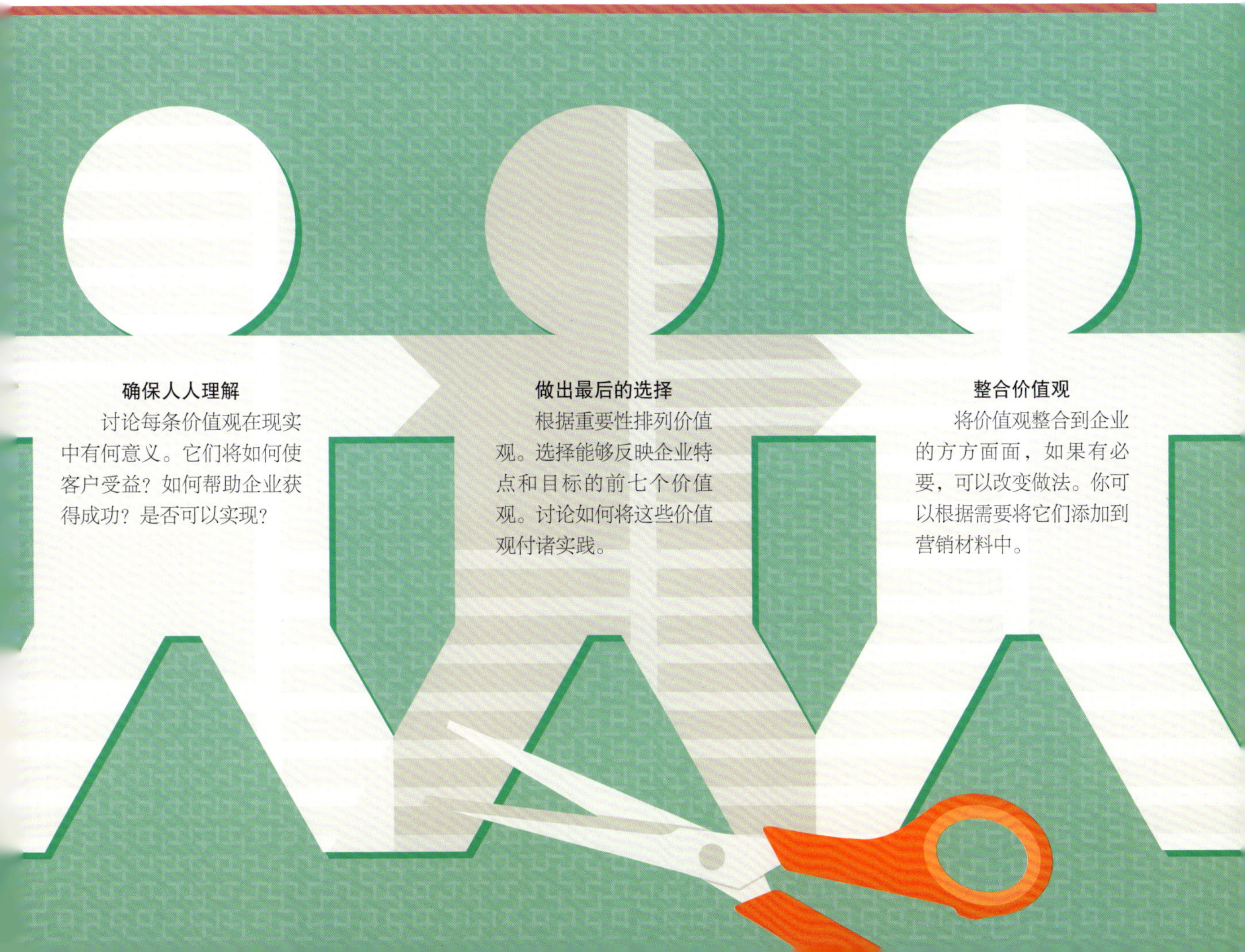

确保人人理解

讨论每条价值观在现实中有何意义。它们将如何使客户受益？如何帮助企业获得成功？是否可以实现？

做出最后的选择

根据重要性排列价值观。选择能够反映企业特点和目标的前七个价值观。讨论如何将这些价值观付诸实践。

整合价值观

将价值观整合到企业的方方面面，如果有必要，可以改变做法。你可以根据需要将它们添加到营销材料中。

管理企业

经营自己的企业是一件收获颇丰的事情，但是随着业务的增多，一个人可能很难面面俱到。你可能需要引入人才来管理不同的板块。

确定需要哪些技能

创业伊始，为了减少开销，企业的大多数岗位可能由你一个人担任。即使企业开始招人，你可能也会全权掌管企业的运营，如生产和财务。但是，随着业务的扩展，总有一天你会发现，自己独揽大权会限制企业的发展与成长。

为了避免这种情况的发生，你要提前做好规划，明确你的技能对企业的哪些方面很有价值，在哪些方面效率较低。这时，你可以开始考虑招聘新的管理者，或者可以培养现有员工，让他们承担管理职责。例如，你很擅长销售，但觉得IT很难，那么可以聘请IT经理，这样你便能专注于自己擅长的领域。

分担责任

你的创业企业可能没有那么多钱搭建完整的管理团队，但你也许可以招一两个管理者，让他们身兼数职。随着企业的发展，管理团队也将不断壮大，最终每个成员都可以各司其职。

管理架构

在招募管理者时，一定要创建正式的管理架构，明确每个人的权限和职责。这样一来，管理者可以清楚了解自己在企业中的角色和地位，员工也会了解应该向谁汇报工作。在成熟的大企业里，管理架构通常包括多个层级，但小企业可能只有两三个层级，你作为创业企业的老板位于架构的顶部。

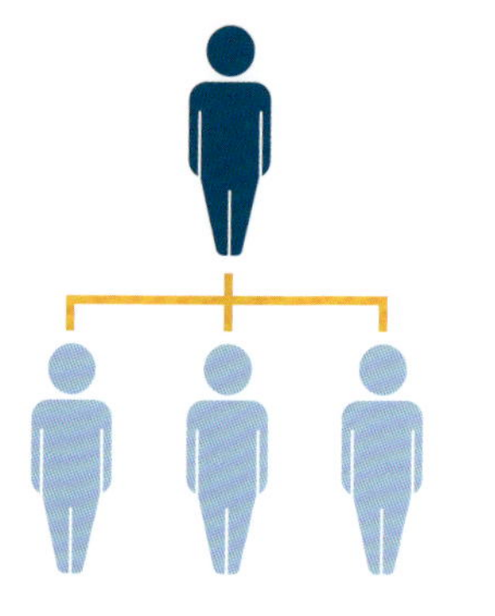

划分功能

虽然一开始你可能会管理所有事务，但为了创业成功，你应该组建一个有效的管理团队，让每个管理者负责一个或几个领域，你负责统筹。

销售/营销

推广并销售现有产品和服务，规划新产品或服务的开发。

财务

负责监控企业的现金流，制作财务报告和财务计划。

客户服务

制订计划，提供出色的客户服务，提升服务质量，设定服务标准。

信息技术

计划、实施并维护基础设施，开发数据管理和沟通策略。

如何做到

随着企业的发展，管理架构可能需要更改，以适应业务需求。以功能为导向的管理架构的应用十分广泛，不过也有其他架构可以采用：

- 团队架构适合需要对问题做出快速回应的企业，不过很难实现全面管控。
- 网络架构属于扁平化的结构，管理比较分散，十分灵活。正是因为它的敏捷性，所以它才适合创意企业和技术企业。也因为成本较低，所以它对创业企业来说很有吸引力。

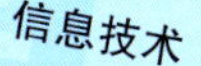

“永远不要怀疑一小群坚定的人可以改变世界。”

美国文化人类学家玛格丽特·米德（Margaret Mead）

管理团队

随着企业的发展，你的重点可能从凡事亲力亲为变为管理团队。设定清晰的SMART目标，建立共同的核心价值，将有助于团队的蓬勃发展。

投入精力

对创业企业而言，充分利用团队成员至关重要。如果员工得到良好的管理，拥有明确的目标，做得好会得到奖励，那么他们可能会更有积极性。即使小型企业也需要共同的价值观和文化。如果你和你的团队共建积极向上的文化和核心价值观，那么你的企业会成为一个令人满意的工作场所。树立榜样，即使在巨大的压力下也要保持积极心态。做事要前后一致，这是员工很看重的一种品质。

人们只有在充分了解具体的情况之后才能更好地工作，因此你要为团队设定清晰的目标，确保企业内部信息可以自由共享。

出现问题要告诉大家，同时分享可能的解决方案，把

SMART管理原则

通过SMART管理原则，你可以为团队设定清晰的目标，并实现目标。每个目标都要符合下面五项标准："明确性"（Specific）、"可衡量性"（Measurable）、"可达成性"（Achievable）、"实际性"（Realistic）、"时效性"（Time-based）。这些原则可以确保你和同事保持一致的工作方式。

S：明确性

用具体的数字设定明确的目标。一定要设立明确的目标，比如，将生产率提高50%，这样你的团队才能明确知道他们需要实现什么目标。

M：可衡量性

确保目标可以量化。建立一个衡量系统，记录在实现目标的过程中所取得的进展。在任务完成后，便可以评估目标是否实现。

错误视为学习的机会。定期召开员工会议，在公告栏上发布企业的最新消息，这样做可以鼓励大家公开、坦诚地沟通。

"栽培员工，让他们强大到可以离开。对员工好，好到让他们想要留下来。"

英国商业大亨理查德·布兰森爵士
（Sir Richard Branson）

提高灵活性

随着企业的发展，将人员成本保持在最低水平非常重要。团队要灵活、高效。你可能需要团队成员承担额外的职责，或需要他们加班。如果员工认为自己受到了公正的对待，那么他们通常会愿意适应新的需求。以下几点需要牢记：

- 在改变职责或工作时间之前，要找员工谈一谈。
- 体现灵活性，如弹性工作制，可以早来早走。
- 倾听可能比你更了解相关工作的员工的意见。

A：可达成性

设定可以实现的目标。评估要达成的目标，你是否有足够的人手，他们是否有足够的能力。如果当前的情况无法满足要求，那么你可能需要招更多的人。

R：实际性

确定切实可行的目标。想一想你的目标在现实中是否可行。比如，你是否有足够的设备？如果没有，就必须在分配任务之前采购更多的设备。

T：时效性

制定时间表。为了实现目标，你的团队可能需要培训，企业可能需要更多的存储空间或更好的设备。把这些因素考虑进来，设定切实可行的截止日期。

留住人才

你必须投入时间和金钱才能留住优秀的员工。与员工建立良好的关系，帮助他们提高技能，这样他们就不容易被竞争对手抢去。创建一个人人都能够成长的工作场所。

重视员工

虽然新员工会为企业带来新想法和新技能，但优秀的老员工对工作有更深入的了解。老员工熟知客户和供应商，了解企业采用的系统，与其他团队成员建立了亲密的关系。如果失去他们，那么客户和同事会很难过。更糟糕的是，如果被竞争对手“挖”去，那么他们会增加那些企业的优势。

你要了解每一位员工，重视他们。弄清楚激励他们的因素是什么，他们喜欢什么样的工作方式。这有助于你在他们考虑离开之前发现困扰他们的问题。

说服员工留下

听到骨干员工要离开绝对不是什么好消息，你甚至会有种遭人背叛的感觉。首先你要与之开诚布公地谈一谈，

如何留住人才

有三种主要的方法可以留住优秀的人才。第一，创造良好的工作环境，让员工愿意在此工作，并且能够不断成长。他们需要有充实感，感到自己受到重视，并且有足够的自主权运用自己的技能和经验。这对不一定能够支付高薪的小企业来说尤其重要。第二，为员工提供培训、指导和新的挑战，让他们有发展的机会。第三，了解每个人为企业带来的价值，公平地给予奖励。不要等员工离职后才发现他们的价值。

> “员工是企业最重要的资产，他们代表着企业的竞争优势。你要吸引并留住最优秀的人才。”
>
> 施乐企业首席执行官安妮·M. 马尔卡希（Anne M. Mulcahy）

找出他离开的原因。也许他没有获得应有的认可或奖励，所以觉得自己被低估了；也许他希望得到晋升，迎接新的挑战。问一问他怎样才肯留下来，也许你可以提出比竞争对手更好的条件说服他。但是，仔细思考你这样做会对其他人产生什么影响，你也要认可他们对企业所做的贡献。

如果员工决意离开，那么你要大方地接受他的决定。确保有足够的时间交接工作。如果时间来不及，那么请他把工作要点写下来，包括重要的联系人和对接替他的人的建议。

案例研究

Multi-Ply

Multi-Ply是一家为X射线设备生产碳纤维组件的企业，客户遍布全球。为了留住最好的员工，Multi-Ply有各种灵活的安排，通过创新的解决方案来留住想要留住的人。如果当地一家大企业打算挖走一位有价值的员工，并且提出更高的工资，那么Multi-Ply会与之讨论为什么他会接受这份工作。尽管无法提供那么高的工资，但可以让他在工作和生活之间实现更好的平衡，还可以为他提供更高的职位。

2 发展的机会

- 让员工参与新项目
- 为初级员工配备内部导师
- 鼓励员工参加培训
- 确保你自己也接受培训

3 适当的奖励

- 亲自感谢表现出色的员工
- 在紧张的项目结束后给员工一些休息的时间
- 与整个团队一起庆祝成功
- 支付合理的工资
- 提供利润分成

带领销售团队

对大多数企业来说，与客户打交道和实现销售至关重要。如果你自己做不好这件事，那么可以招募并激励敬业的销售人员，这是通往成功的最佳途径。

找到合适的销售人员

不管你是打算聘请专门的销售主管或团队，还是打算自己承担销售职责，你都要确定要达到好的销售结果需要哪些技能或素质。例如，依靠少量回头客的企业需要擅长建立信任和长期关系的销售人员。具有说服力且能够找到大量潜在客户的人适合销售一次性产品或服务。如果竞争激烈，那么经验丰富的销售人员可以提供令人信服的建议，引导客户进行购买。招聘销售人员时，你一定要将所需的条件写进职位描述中。

指导团队

你应该鼓励销售人员发挥最大的潜能，并且与你齐心协力。设定较高但可以实现的销售目标激励他们，让他们知道你全力支持他们。让员工知道企业的绩效和各个领域的运营情况。实施双向反馈，这样员工可以清楚地了解销售进度，你也可以知道他们的担忧，并从他们的新想法中受益。提供销售培训，帮助员工发展新技能，让他们知道企业很重视他们。

设定期望值

- 确保员工知道你期望他们达成的销售目标和客户服务水平。
- 确定清晰的团队结构和合作方式。

代表企业

销售人员可能是客户与企业联系的唯一渠道。他们相当于企业的颜面，因此你需要选用值得信任的销售人员来接待客户。销售人员要相信企业的愿景，其工作方式要能反映企业的价值观。建立良好的品牌声誉和客户忠诚度，是一件费时费力的事，如果销售工作做不好，这一切很容易就会失去。

注意

- 为销售人员设定目标时，不要忽略其他目标，如客户满意度和利润率。
- 确保设定的目标能够充分发挥员工的才智。简单的目标会使人自满。
- 鼓励员工的上进心和决心，但要注意可能导致团队失衡的竞争。对不同性格的人使用不同的方法。
- 把销售工作交给销售人员来做。你不应该与他们竞争，而应该成为他们的向导。

授权员工
赋予员工直接与客户接触的自由和权力。
信任他们能够做好客户管理，并从错误中积累经验。
传播正能量
分享长期战略和成交案例，建立以成就为核心的文化。
奖励取得成功的团队。

"我一生中从未有一天不做销售。如果我相信某个东西，我就会向别人推销，卖力地推销。"

美国女商人雅诗·兰黛（Estée Lauder），1985年

营造健康的工作场所

雇用员工时，你需要考虑他们在工作场所中的健康问题。关心员工的身心健康，让他们发挥最大的潜力。

员工幸福感

幸福感是身心健康的一种表现。幸福感高的员工往往活力四射，积极向上，抗压性更强。

具有这些素质的员工可能会对企业产生重大而有益的影响。关心员工，让他们发挥出最高水平，这样企业会树立起关怀员工的声誉，潜在员工也会更愿意加入。如果员工幸福感很低，有些人工作效率低，有些人总是缺勤，则会产生相反的效果，而且代价高昂。世界卫生组织2019年发表的一篇文章表示，焦虑和抑郁问题每年给全球经济造成1万亿美元的生产力损失。

关爱员工

有关工作幸福感的研究表明，员工需要目标感。他们希望感到自己为企业的成功做出了贡献，他们的努力得到了重视，他们对自己的工作有一定的控制权——指导当然有益，但对于员工而言，可以自主决定工作方式更为重要。

员工还必须能够达到工作要求。提供适当的培训很有必要，但要注意焦虑的征兆，确保员工知道有问题可以大胆说出来。

公平

如果员工觉得自己在工作中受到了公平的对待，那么他们可能会更加积极主动。当你做出影响某位员工的决定时，一定要透明开放，确保他理解你为什么会做出这个决定。此外，要确保所有员工的工资待遇都是公平的。

赏识

感谢员工的努力，即使某些事情没有完全按照计划进行，也要对员工表示感谢，这有助于提高士气。赏识的表达方式可以是奖金，但简单地在公共场合向表现出色的员工表示感谢也十分有效。重要的一点是，感谢必须真诚。

创造良好的环境

努力创造一个让员工感到满足和充实的工作环境。你需要确保工作场所的人身安全，天气转凉时提供充足的照明和暖气。

创造一种员工可以不断进步并期待上班的文化。这并不是说不需要规则或纪律，只要员工能明白规则或纪律的目的，就会理解它们存在的意义。努力让每位员工都满意企业的工作和管理方式。

法律责任

在大多数国家和地区，企业对员工的健康负有法律责任，不过具体细节可能会因地域的不同而有所不同。法律责任通常包括：

- 评估企业工作人员面临的任何潜在风险。
- 制定健康和安全政策，说明将采取哪些措施确保工作场所的安全。
- 配备合适的急救箱，确保每个人都知道它的位置。
- 评估员工的工作压力，采取措施防止他们过度焦虑。

期望

如果不了解情况或者不确定所期望的结果是什么，那么大多数人会感到压力很大。所以，要设定明确的目标来激励员工，使他们明白应该如何尽自己最大的努力为企业的成功做出贡献。定期召开短会，让员工知道事情的进展。

倾听

去了解每一位员工。与他们交谈，倾听他们的意见。你这样做不仅可以证明自己很重视他们对企业的独特贡献，而且可以在出现问题时及时发现苗头。确保员工不害怕与你交谈。

识别工作压力

压力会导致焦虑，这是职场的一个主要问题，因此要警惕下面这些情况。如果你认为员工可能碰到了问题，就和他们谈一谈。

- **缺勤次数增加** 员工缺勤的原因可能多种多样，但如果缺勤或迟到的次数超过正常水平，那么这可能是焦虑的征兆。
- **退缩** 焦虑的人可能会孤立自己，避免与他人交往，宁愿静静地一个人待着。
- **过度情绪化** 如果某位员工闷闷不乐，喜欢争辩或反应异常，那么你要调查一番。
- **长时间工作** 繁重的工作可能会迫使员工加班，或者白天得不到充分的休息。

管理并解决冲突

不管是什么企业，都免不了出现冲突。尽管通过争论可能会有一个积极的结果，但冲突不断对企业来说是一种损失，所以你要学习如何管理并解决冲突。

了解冲突

企业发生的大多数冲突很快就会过去，而且不会有太大的影响。你不可能把所有冲突都扼杀在摇篮之中，但要尽可能控制同事之间的摩擦所造成的负面影响。如果你与团队成员之间发生任何冲突，那么一定要因人制宜地加以解决，由此产生的新想法或新成果也要加以利用。

解决人与人之间的冲突可能需要投入大量的时间。要学会辨别何时需要干预，何时只要观察监督即可。只有在必要时才采取行动，鼓励员工自己寻找解决方法。如果出现严重冲突，那么你要与相关人员谈话。除当事人的陈述外，还要寻找引起问题的真正原因。保持冷静、理性和公正，这一点很重要。不要陷入争论，而要营造一种轻松的氛围。仔细倾听他们的话，寻找证据。

预防冲突

要想防止有害的冲突，最好的方法就是创造一个人人都能自由表达所思所感的工作环境。这样做有助于阻止冲突升级。举个例子，如果某位员工因为可能无法如期完成任务而觉得压力很大，但又认为自己无法寻求支持，那么他可能会因此失去信心，感到紧张，与人发生冲突，甚至有段时

应对冲突

1974年，美国管理学教授肯·托马斯（Ken Thomas）和拉尔夫·基尔曼（Ralph Kilmann）发表了解决冲突模型，如今仍被广泛使用。这个模型提出了五种处理冲突的方法。大多数人天生会偏爱其中一种方法。你在处理自己与同事之间的冲突或其他同事之间的冲突时，了解并能够运用这五种方法将会提高冲突解决的有效性。例如，对于琐碎的问题，回避可能是最好的方法。但是，对于必须果断解决的问题，竞争可能是更好的选择。

回避

这种方法选择抽身而出或等到更好的时机再处理冲突。它适用于较小的问题，比如，你没有时间或精力处理的无关紧要的分歧。

顺应

这种方法要以牺牲自己的利益为代价来接受他人的观点。顺应与竞争相反，当知道同事是对的或想要维护良好的工作关系时，你可以采用这种方法。

间不来上班。让员工了解他们的目标和如何实现这些目标也很重要，因为模棱两可会导致误解和分歧。

为正式和非正式的沟通创造空间，了解并理解团队成员，这样可以更容易地找到引起紧张的原因。

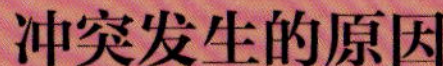

冲突发生的原因

要想解决冲突，你需要了解冲突发生的原因。不要只停留在事物的表面，而要寻找根本原因。这些原因通常分为以下几类：

- 人们喜欢采用不同的工作方式，不同的性格和工作风格可能会导致冲突。
- 期限太紧或缺乏培训等带来的压力，可能让人脾气暴躁。
- 因为没有把事情说清楚，持相反意见的人之间可能会产生误解。
- 感到自己没有受到重视或自己的建议无人倾听，会使人变得不满，容易和别人发生争论。

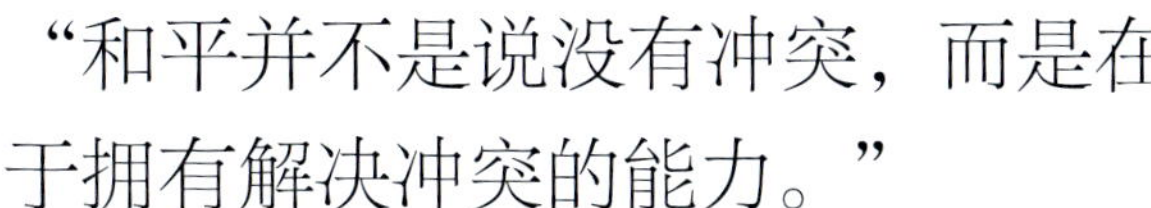

“和平并不是说没有冲突，而是在于拥有解决冲突的能力。”

印度政治家圣雄甘地（Mahatma Gandhi）

妥协

这种方法需要找到一个双方都能接受的解决方案，让双方都有所得，但又不完全满足双方的要求。这种方法适用于很多情况，比如，你要解决自己与团队成员之间的冲突，或调解同事之间的纠纷。

合作

这种方法旨在寻找一个完全满足双方要求的解决方案。它需要更深入地探究冲突的根源。当问题很重要且值得投入时间和精力时，你可以使用这种方法。

竞争

这种方法要以对方的代价来满足你的要求。竞争需要运用你的权力和辩论的能力。当时间紧张且问题必须解决时，这种方法可以派上用场。

管理员工绩效

无论兼职员工，还是全职员工，他们都会对企业产生巨大的影响。如果表现出色，充分发挥出自己的潜能，那么员工会在企业的成功之路上扮演重要的角色。

设定预期

作为企业老板，最重要的一件事就是建立并维系一支高绩效的员工队伍。要想做到这一点，关键在于三个方面：招到合适的人，确保每个员工都知道你对他们的期望，定期监控绩效。如果员工表现不佳，那么你需要在问题变严重之前采取行动。

最好在员工上班的第一天就说明你对他们的期望。找新员工谈一谈，多了解他们，让他们知道遇到不懂的事情或碰到问题可以找你。出了岔子早点儿知道，总比因为员工不敢告诉你而很晚才发现要好得多。错误总是难免的，一定要从错误中吸取教训，确保类似的错误不会再次发生。

进行绩效评估

每年至少与每位员工正式讨论一次个人绩效问题。私下与员工见面，谈论一下他们的工作进展。借见面的机会达成目标、监控进度、讨论问题。

- 提前告诉员工见面的时间、地点和时长。
- 见面要以对话的形式进行，而非审问。
- 借此机会讨论员工的抱负、培训需求，以及接下来的工作。
- 给员工留出足够的时间反馈。
- 不要回避你发现的他们在工作中存在的问题。
- 做好会议记录，包括双方达成的一致意见，并将其发送给员工。

"赋予员工权力是留住员工的关键。"

美体小铺（The Body Shop）创始人阿妮塔·罗迪克（Anita Roddick）

激励员工

为每位员工设定可实现的目标，这是激励员工的最佳方法。但是，要确保员工的个人目标不会损害团队利益。如果目标设定得不好，那么员工之间会相互竞争，而不是合作和共享信息。

如果你和员工建立了私人关系，你就会更容易发现问题。采取"边走边聊"的策略，定期与员工见面，了解他们的状况和他们是否有什么困难要应对。让他们知道企业的情况，并提醒他们对企业的价值。要知道，如果员工觉得自己得到了赏识，那么他们更有可能表现优异。

注意

有很多关于纪律和解雇的法律条文。确保企业制定相应的政策，而且所有员工都了解这些政策。如果没有把握，那么你可以聘请一位律师。务必做到以下几点：

- 收集相关的证据。
- 给员工一次改正的机会。
- 做到公平公正。员工可能会因为被解雇而要求企业赔偿。

讨论绩效问题

如果员工的绩效没有达到预期，那么你需要迅速采取行动，防止问题升级，影响企业。先找员工聊一聊，看看有没有什么方法可以弥补。如果非正式的会面不起作用，那么就需要召开正式会议了。

- 事先收集绩效欠佳的证据，告诉对方开会的目的。
- 做事要坚决，也要保持公平，确保对事不对人。
- 保持平静，表现出对员工的支持。对员工而言，这段时间可能很难，压力很大。
- 说一说你所看到的情况，然后请员工做出回应。
- 共同商定绩效改进计划，这要胜过强行让他执行某个计划。
- 将商定的结果诉诸文字，确定下次的开会时间。

简化业务流程

流程由一系列活动组成，这些活动连在一起最终实现了产品或服务的交付。绘制流程图有助于看清企业的组织效率和需要改进的地方。

流程可视化

将企业采用的关键流程绘制出来有助于确保企业的运营效率，减少成本和浪费，还能表明这些关键流程中哪些活动值得投入，哪些需要删除。

流程图的概念起源于制造业。在制造业中，原材料通过一系列步骤从自然状态转变为最终产品。不过，任何组织都可以使用流程图。餐厅的流程包括接受预订、接待客户、为客户点餐、上菜，园艺企业的流程包括购买种子、种植、卖给顾客。不管流程如何，目的都是确定每一个步骤及其与其他步骤的关系。制作流程图并不复杂，首先要确定业务流程中的每个步骤，然后按顺序画出来，一幅包含所有活动的图表就会跃然眼前。

衡量价值

画好流程图以后，你可以研究每一个步骤，找到简化流程的方法。这会防止你把时间和精力浪费在无用的事情上，还会降低成本。同时，你还可以使用流程图评估每个步骤的价值。

我们经常用“增值”或“非增值”来形容业务流程。增值流程指会直接为客户增加价值的流程，如制造产品或

使用流程图

业务流程图可以提供有价值、有启迪作用的信息。想一想企业完成每个关键流程的所有步骤或活动。如果你的企业以提供服务为主，那么你可以从头到尾列出每一步。接下来，评估每个步骤，判断其是否必要。同样，你还要确定它能否给业务增加价值。必要的步骤必须保留，可以增加价值的非必要流程也值得保留。定期检查流程，因为新技术的出现也许会简化流程。

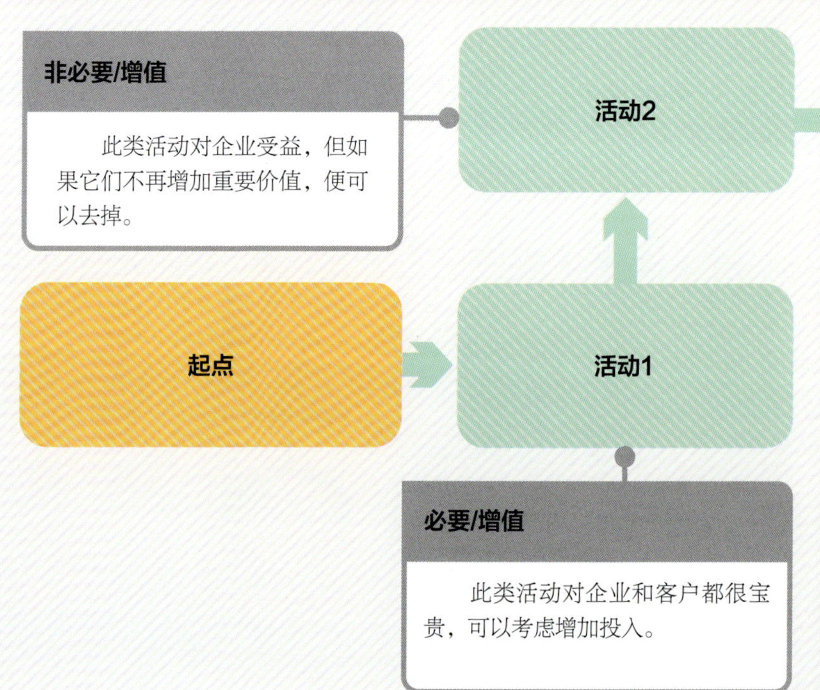

提供送餐等服务。非增值流程指支持服务，如IT或会计，这对企业运营来说是必不可少的，但客户看不见，并且这些流程也不会直接为客户增加价值。

随着业务的增多，要尽量使增值流程和非增值流程处于平衡状态。因为任何流程都会产生成本，如材料或人工成本，所以在增值流程上投入更多的资金应该会带来更高的投资回报。但是，非增值流程也不能被忽略。举个例子，如果不记账，不监控现金流，企业就会出现严重的问题。你可以思考一下企业必须采取的每个步骤——如果企业已经开始运营，那么可以仔细观察——然后将其放入流程图中，这样两种流程更容易达成平衡。

流程图的用处

涵盖整个业务的流程图可以让你对企业的运营有一个整体的认知，它也可用于向企业内部和外部人士介绍企业的业务流程。清楚地列出每个步骤及其与其他步骤的关系，可以确保所有相关人士都对此一清二楚。这在你与潜在投资人交谈或招募新员工时会很有用，他们会通过流程图了解企业的运作方式。

“没有什么比有效地做那些根本不应该做的事更无效了。”

美国管理顾问彼得·德鲁克

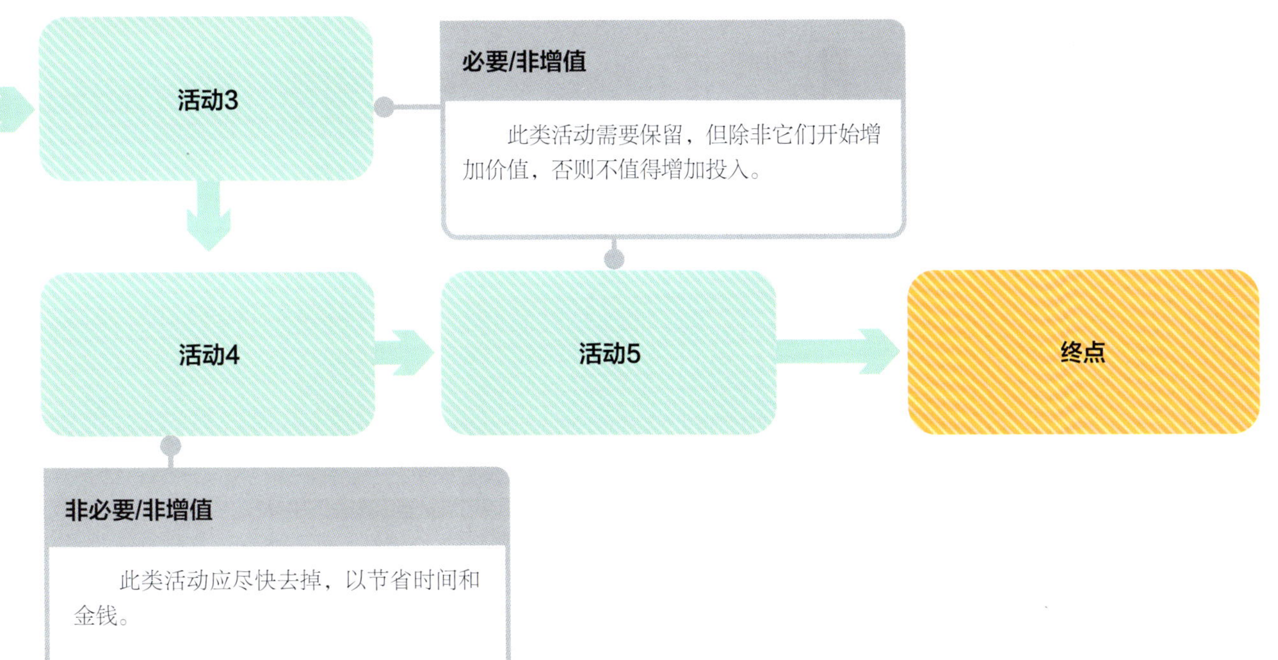

管理供应链

供应链由交付产品或服务所需的人员、流程和活动组成。建立符合道德规范的高效供应链可以节省时间和金钱，并提高企业的赢利能力。

何谓供应链?

供应链就是一系列的步骤，你必须采取这些步骤才能为客户提供产品或服务。每个企业都有自己的供应链，有的长，有的短，有的复杂，有的简单。例如，冰激凌店可能只需要冰激凌、小勺和纸盒即可，而面包店则需要从不同的供应商那里采购原料和包装、制造产品、打包，然后直接卖给顾客或快递给顾客。如果供应链中有一环出现了问题，就会浪费时间，可能还会产生额外的费用，令客户失望。同样，如果供应链管理不善或包括不必要的步骤，也会浪费时间和金钱。

管理供应链

供应链的实力和效率决定着企业能否顺利提供产品和服务。为了节省时间和金钱，你要创建一条可靠、高效的供应链。

此外，供应链还应该足够灵活，若某个环节出现问题，可以快速修复，使供应链的其他环节不会因此中断。首先查看供应链，然后寻找加强每个环节的方法。

了解供应链

了解供应链的每个环节，知道它与下一个环节的关系。研究所有供应商，确保它们符合你的企业的道德准则和行为准则。

找出潜在的缺陷

检查每个环节，看看是否存在潜在的缺陷。想一想这些缺陷会对企业产生什么影响。

制订应急计划

规划问题出现后的解决方法。制订应急计划，确保在需要时可以快速落实。

如何管理

为了确保供应链强大、有效，你需要了解它的运作方式和潜在缺陷，然后才能找到改善方法。如果你的企业的主营业务是生产和销售项链，那么你可能有来自中国的珠子供应商、来自法国的设计师和珠宝商，他们做好项链发给你，然后你在你的商店销售。如果珠子供应商未能及时供货，珠宝商无法定期交货，那么会发生什么情况？如果知道哪些地方可能会出问题，就可以制订计划来预防风险。你还可以创新运营方式。也许你可以购买现成的项链，也可以自己制作项链，这样可以保证库存充足。

在拥有高效供应链的企业中，有**79%**的企业收入增长超过了平均水平。

某网站，2020年

简化供应链
寻找简化供应链的方法，尽可能提高效率。也许你可以通过引入技术来加快工作速度。
寻求专业意见
与供应商联系，问问他们如何可以把生意做得更好，询问他们与其他客户的合作经验。
定期检查供应链
环境不停在变化，所以要不断检查供应链，看看它是否像以前一样有效，是否可以继续平稳运行。

提升业务

即使企业目前做得不错，你也不能假设它会永远如此。为了让企业保持竞争力，你要定期改善流程，确保企业可以提供客户期望的产品。

审视业务

很多小企业的老板用大量时间处理意料之外的问题，如客户投诉、质量问题、延迟交货。因此，他们花在规划和发展业务上的时间少了很多。避免这种情况发生的最佳方法就是简化流程、提升绩效。

要提升绩效，需要查看企业的运营和流程，找到改善方法。你可以分析业务的每个阶段及其活动，看看如何提高效率和效果，逐步进行改善。

还有一种改善方法，就是重新思考，进行大胆而迅速的改变。例如，你可能会取消现有的产品或服务，或者把目前企业自己处理的事情外包给他人。不过，最安全的方法还是有条不紊地逐步改善或改变业务。

提升业务应该是一个连续的过程，不是一次就能做完的。邀请员工加入进来，这样他们可以为变革做好准备。你应该打造这样一种文化——每位员工都应知晓企业的状况，并能大胆地提出改进建议。

提升绩效

你需要定期检查业务流程，以确保一切正常。“沙锥模型”是提升绩效的一种方法。尽管这种方法最初是为制造业设计的，但它也可以应用于服务业。该模型呈金字塔形，将企业能力按照优先级划分为质量、速度、灵活性和成本。为了最大限度地提升绩效，该模型建议从质量入手，然后提高速度，进而提高灵活性，最后关注成本。使用这个方法时，你要保持耐心——要相信成本终会降低。

1. 质量

质量是第一位的。第一次和以后的每一次都要提供优质的产品或服务，否则可能会让客户失望，也会浪费金钱。“第一次就把事情做好”的意思是不用返工、交付时间一致，因此整个流程是可靠的。

2. 速度

可靠的流程成本很高，所以你需要研究如何加快速度。快速完成任务可以降低成本，但是质量可能受到影响，所以既要提高速度，又要保证质量。比如，能否通过采用新技术来加快交货速度？

企业家通常将**68%**的时间用于处理意外事件，留给长期规划的时间只有**32%**。

替代董事会（The Alternative Board），2016年

操作手册

随着员工队伍的壮大，你可能需要创建一份操作手册。操作手册详细解释了企业的运作方式。尽管不同企业的操作手册各不相同，但一般来说都会详细说明业务流程的步骤、员工的角色和职责、最佳实践、应急程序。记录每项业务职能的操作手册不仅可以用来培训新员工，还是一个有价值的知识宝库，有助于解决员工离职后的交接问题。

操作手册还会让企业在潜在客户眼里更具吸引力。如果你打算卖掉企业或进行特许经营，那么即使没有你，有操作手册在手，企业照样可以运转。

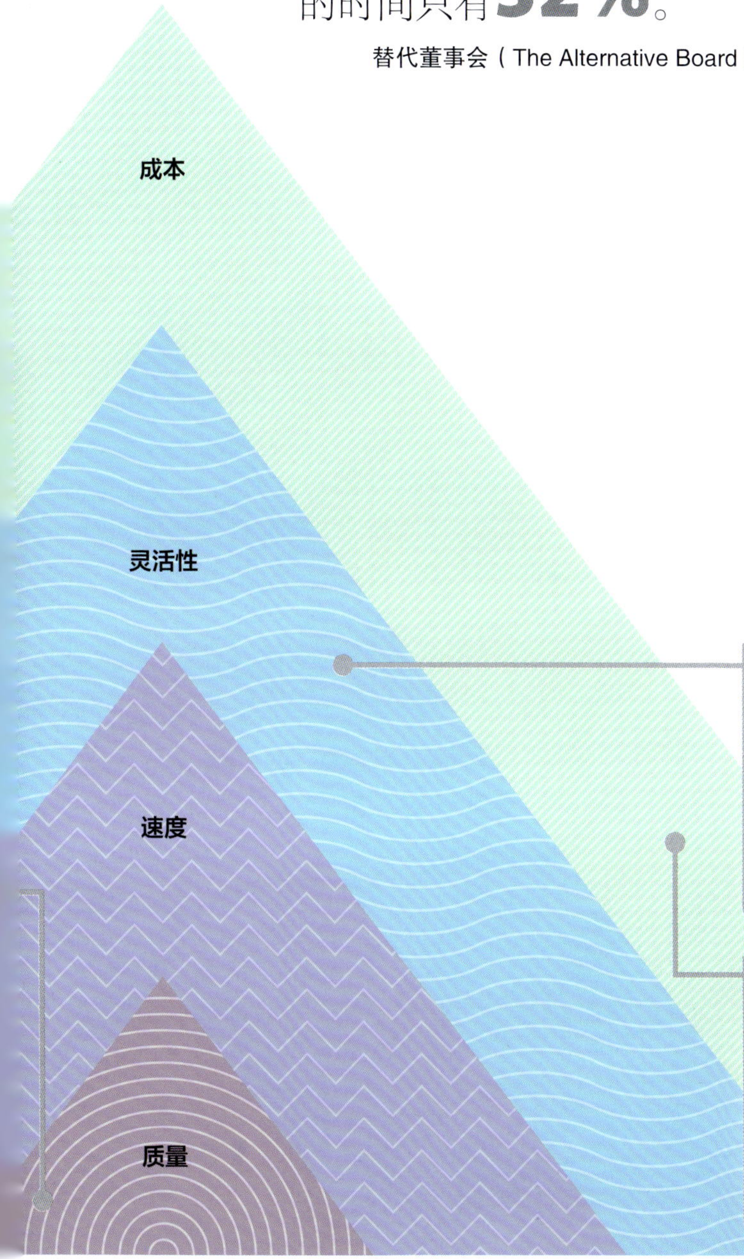

成本

灵活性

速度

质量

3. 灵活性

采用同一流程提供的产品或服务范围越广，就越难保质保量。专注于核心产品或服务，但也可以为特殊的或意外的订单创建替代流程来保持灵活性。

4. 成本

只有在质量、速度和灵活性都得到保障的情况下，才可以想办法提高成本效率。在其他三个方面还需要改善的情况下就早早开始解决成本问题，只会浪费时间。

做好应对危机的准备

你无法准确预测将来会面临哪些危机。但是，如果仔细做好计划和流程，即使发生意外事件，那么你的企业也可以从容应对。

提前规划

虽然火灾、洪水和IT故障等重大事件很少发生，但一旦发生会对小企业造成毁灭性的影响。制订应对这类危机的计划，可以节省时间，减轻压力，并使企业应对起来更容易。你可以预测危机会产生哪些影响，如无法与客户沟通、库存不足、房屋损坏等。如果你提前为这些情况做好准备，那么企业的应变能力会更强。你可能还会发现，为某种危机制订的计划可能适用于另一种危机。不同类型的危机可能会产生相似的影响。举个例子，你可能想要制订一个计划，安排员工在疫情期间远程工作，在线为客户提供服务。如果发生洪水或地震等自然灾害，人们的出行可能会受到限制，那么你为应对疫情制订的计划这时也可以派上用场。

制订计划

制订应对危机的计划时，要考虑同事和供应商的意见。分配责任，如联系客户、处理紧急服务。把计划写下来，确保所有人都知道这项计划，也了解它的用途。如果可能的话，可以通过模拟危机来测试计划的可行性，根据环境的变化定期检查计划。以下流程有助于确定计划中应该包含哪些内容。

考虑可能发生的情况

危机可能来自外部，如洪水和火灾，也可能来自内部，如生产的产品有缺陷。想一想如果发生此类事件会怎么样。

评估可能性

有些企业更容易遭遇特定的危机。例如，饭店发生食物中毒的可能性更高，临近河边的企业更可能遭遇洪水。把重点放在较有可能发生的危机上，并制订计划。

应对危机

- 在需要快速采取行动时要保持冷静，花一点时间思考一下自己当前所做的事。
- 确定事情的优先级，确保就当前情况而言，你的行动可能产生最佳的结果。
- 清楚地告诉员工当前的情况，给出明确的指导，这样每个员工都能准确了解他们要做什么。
- 倾听员工的担忧，对压力较大的员工做好管理，保持镇定，安抚员工。
- 保持积极的态度，警惕突发事件。有时，危机会带来新的机会。

2018年，英国的小企业花了**88**亿英镑用于应对危机。

亚瑟·加拉格尔保险经纪企业，2019年

确定可能的解决方案

当制订解决方案时，想一想如何把损坏程度降到最低，如何预防危机的发生。例如，安全备份数据永远都是对的。

分析可能的结果

想一想你的应对计划结果如何。最可能的结果就是成本增加，但如果你没有充分考虑客户、同事或供应商的需求，那么你的计划也可能会影响员工士气和企业声誉。

利用科技

有效地利用科技可以加快沟通速度，改善与客户的互动，提升工作效率。

引进技术

即使是个体经营者，也会面临各种各样的软件、应用程序和其他数字工具，它们的功能和优势不断改变。大多数技术会增加企业的购买和培训成本，因此在决定如何及何时引进技术时，要慎重考虑。

每家企业都有特定的技术需求，如预订服务和在线支付服务，而客户的期望在此起到越来越大的推动作用。我们很容易在计算机或打印机等硬件上超支，也很容易在仅能产生短期益处的非必要软件上超支，因此支付一笔专业咨询费给技术专家还是有必要的。

技术专家会考虑企业的业务活动和可选的数字工具，然后根据你的即刻需求制订计划，同时为未来需求留有空间。技术总会过时，但是你可以选择容易扩展和更新的硬件和软件，提高技术系统的适应性。

数据安全

随着业务的发展，企业存储的数据会越来越多，比如客户的手机号码和电子邮箱、供应商或投资人列表。一定要保护好这些数据，同时确保遵守本地的数据管理规定。企业越来越容易受到黑客、恶意软件和其他形式的网络攻击，因此确保系统的安全性至关重要。即使是小企业，也应该采取一些简单的步骤保护有价值的数据。

提高智能化水平

合适的计算机系统、数据和管理软件、应用程序是集成技术方案的一部分，它们有助于提高你和你的企业的工作效率，并改善产品和服务。

不管你决定采用哪种工具，都应确保它们在技术上的兼容性，并且能够共同为发展业务服务。下面举一些如何利用科技发展业务的例子。

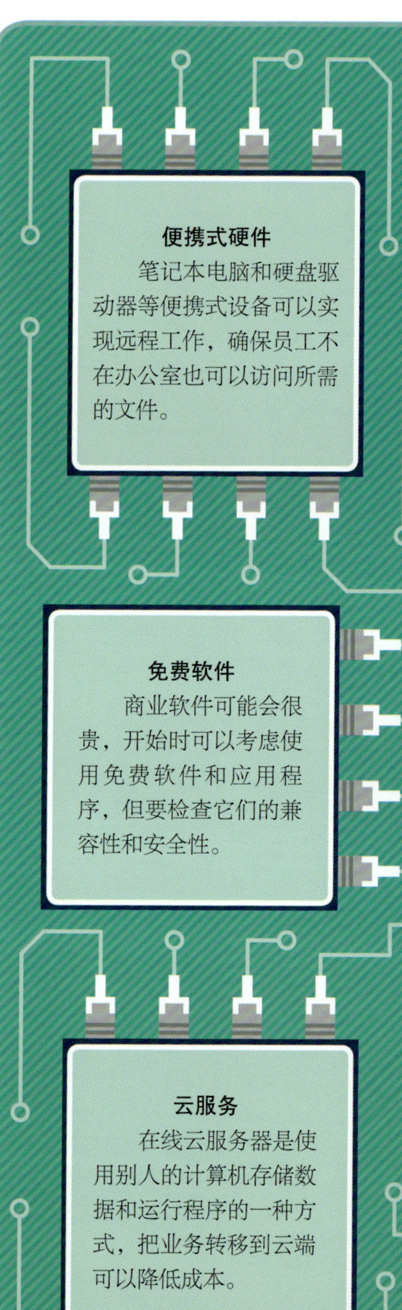

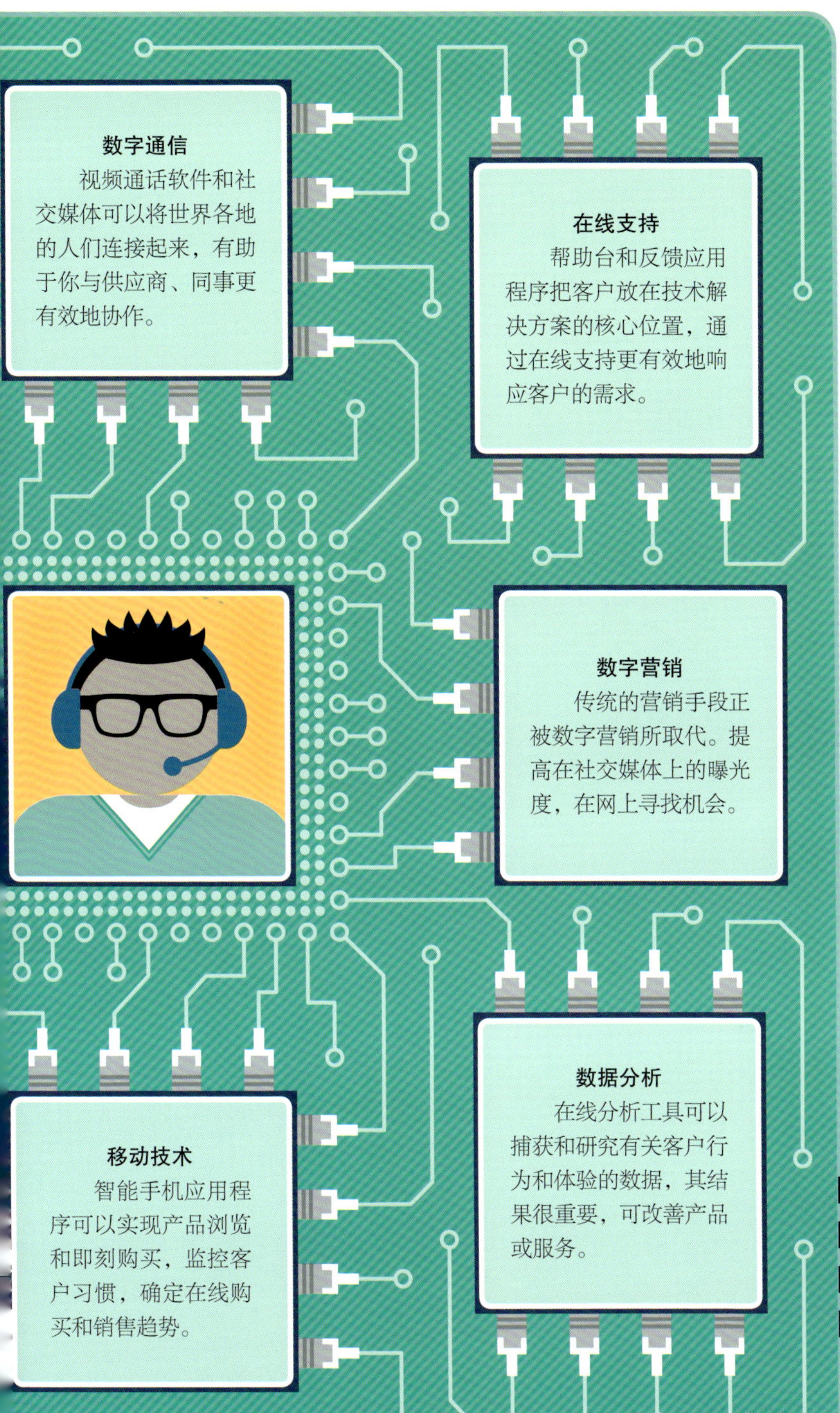

须知

- 算法是输入计算机的一组数学指令，计算机根据算法处理数据，得出有关企业及其客户的结论。
- 近场通信（NFC）可以使两个很近的设备交换数据，如芯片和密码支付系统。
- 开源软件通常是免费的，共享的源代码可以修改。

“当一项新技术从你身上碾压过去的时候，如果你不成为压路机的一部分，那么你就会成为路的一部分。”

美国作家斯图尔特·布兰德（Stewart Brand），1987年

5 企业发展

助力成长

要想推动企业成长，你需要提高当前产品或服务的销售额。有很多方法可以实现这一点，如寻找新客户、说服现有客户花更多的钱。

制定成长战略

为了最大限度地推动企业成长，你需要制定留住买家、吸引回头客、扩大客户群的战略。相关战略包括提供更好的客户服务和交付选项，改善现有产品或服务，提供新产品或服务，所有这些方法都会推动企业成长，使其领先于竞争对手。停滞不前或成长缓慢显然并非好事，但你也要控制企业的成长过程，因为成长过快可能会破坏商业计划。要有超前思维，确保在需要时增加资金、人员配备、生产能力和材料供应。

孕育成功

提高销售量并非易事，但是你可以运用简单的战略，并培养员工的能力，从而助力企业的成长。

管理成长

注意有潜力推动企业成长的人才。最大限度地扩大现金来源，提高借贷能力，以便可以为成长战略提供资金。购买有助于企业发展的系统和工具。

促进成长

培养现有客户，改善服务以提高他们的忠诚度。通过社交媒体、电子邮件、本地网络、广告和营销活动接触新客户。

让企业实现最大成长

为了最大限度地提高企业的成长潜力，要时刻关注外部世界的变化，并加以充分利用。购买习惯和付款方式的改变、科技日新月异的变化、社会趋势的变更，都有可能会为你的企业打开新的市场，抑或扩大现有市场。

注意

跟上需求的步伐很重要，但不要过快地发展业务。如果需求增长过快，那么你可能无法履行订单或无法保证承诺的交货时间，这可能会让客户失望。此外，如果企业成长过快，但收入不足以支付不断增加的成本，那么现金流可能会出现问题。同样，如果人员配备不足以支撑额外的工作量，那么员工会负担过重，选择离职。这些问题可能会给你带来压力，挑战你的领导力和管理能力，使你偏离理想的商业计划。

引领成长

身为企业的负责人，你与员工沟通时需要做到清晰、透明，用自己的热情激励他们。如果你信心不足，那么可以参加提升领导力的培训，或者请教练或导师来帮助你。

推动扩张

随着企业的发展，你可能想要进行扩张。不过，一定要找准时机。对比不同的扩张方式，看看哪一种更适合你。

为什么要扩张?

扩张与成长不同。成长是要销售更多的产品或服务，而扩张则是要迈出更大的一步。扩张可以是产品多元化，也就是在原有产品或服务的基础上增添新的产品或服务。扩张还可能涉及新增业务线，进军新市场。如果企业的成长速度放缓，提升销售的努力也没有起到作用，那么你可能会进行扩张。如果你的产品或服务因技术陈旧或客户喜好改变而过时，抑或它的价值在当前市场没有得到充分的重视，那么你也可以进行扩张。举个例子，一家冰激凌店可以在原来高热量甜点的基础上推出新鲜水果冰糕，吸引越来越关注健康的顾客。一家设计工作室可以增加全方位的网站建设服务，吸引更多的客户。随时了解消费者需求、社会和技术趋势，仔细记录企业的收入，将有助于你在适当的时候进行扩张。

扩张不宜过快

扩张过程中的主要挑战就是时间管理，原始的核心业务和新业务都会争夺你的时间。为了避免失去客户，准备好招募客户服务人员。你还需要管理现有员工不断增长的工作量。如果他们觉得企业要求太多，想要辞职，那么你就需要雇用和培训新的员工。仔细控制扩张速度，避免出现这些问题。

扩张方式

扩张的方式多种多样。身为小企业的老板，你可能希望专注于提供新产品或服务，同时留在现有市场；抑或希望继续提供原来的产品或服务，但将业务扩展到其他区域；你还可能把这两种策略结合起来。不管采用哪种方式，你都需要研究所选的路径，进行成本估算，创建时间表，调整当前的商业计划，从而确保扩张顺利进行。

产品或服务

在已有产品或服务的基础上开发互补或附加的产品或服务，或使用全新的产品或服务开辟新的市场，都可以达到扩张的目的。

收购

收购或投资一家业务相关的企业，可能有助于降低开发新产品或开拓新市场的成本。

"规模对创业企业来说很重要。要有远大的志向，但日子要一天一天过。"

印度在线平台Snapddeal的联合创始人库纳尔·巴尔（Kunal Bahl）

扩张阶段的需求

在企业的扩张过程中，管理和服务需求都会增加，所以你需要提前做好准备，有效地管理流程。

- **记录存档和基础设施** 更新软件和系统，以便在需要追踪更多的运营活动时，它们可以管理更多的产品或市场。
- **资金** 提前做好计划，确保拥有额外的资金支撑扩张阶段所需的新设备、新员工或其他需求。随后可以向投资人或贷方提供一份商业计划，还有基于当前交易所做的预测。
- **人员管理** 管理好现有员工，适时提拔优秀员工，为关键岗位招聘新员工。体恤员工，组建一支积极奉献的员工队伍。
- **授权** 不要凡事都亲力亲为。随着企业的扩张，你的工作重心应该是领导大家，你要学着将日常运营交给团队中的其他人。检验企业的管理情况。

合作伙伴

建立合作伙伴关系可以使双方共享资源或专业知识。合作方也许能够提供企业扩张所需的特定服务。

区域扩张

在本国其他地区建立分支机构或商店，或向其他地区的商店提供产品，都有助于企业扩张。

全球扩张

跨国经营，不管线上还是线下，都可以产生回报，但物流方面却颇具挑战性。为了取得成功，你可能需要采用多种策略。可以考虑与本地的企业合作，或寻求贸易组织的帮助。

成长战略

助力企业成长有多种战略可以使用，具体取决于你想要实现的目标。一旦确定哪个战略有助于实现目标，你就要朝着这个方向努力。

做好计划

在实施成长战略之前，首先要确保需求足以支撑你的计划。如果你希望像现在一样瞄准类似的客户，那么要确保你的新计划可以继续满足这些客户的需求和期望。同样，要像企业启动之前那样仔细研究市场，确保有足够的市场需求，并清楚将会面临的竞争。最后，确保此项战略的经济回报会超过实施成本。在此过程中，还要评估这项计划可能会给现有业务和你的个人生活带来什么影响。

确定路线

你掌握客户、市场、企业成长所涉及的成本之后，就

英国**58%**的小企业没有成长计划。

某网站，2015年

典型的成长战略

这里介绍的四种战略源自1957年俄裔美籍数学家、战略管理大师伊戈尔·安索夫（Igor Ansoff）提出的安索夫矩阵。这一模型现在仍用于解释常见的成长和扩张策略。

案例分析

Zomato

2008年，美食推荐平台Zomato成立于印度德里，企业目前覆盖24个国家的1万个城市。它之所以成长得如此之快，关键在于它的多元化。除提供信息和评论外，它还提供外卖服务、会员计划，并且用户可以通过它的应用程序预订餐厅、叫出租车前往就餐地点。此外，Zomato不断拓展业务，帮助餐厅开发自己的应用程序，根据用户数据提供咨询建议，还提供数字化管理服务。通过收购其他企业或与之结盟，其已进军海外市场。

起点

你在市场上有一处摊位，专门卖自己地里种的有机西红柿。每周西红柿都会被卖光，有些顾客不得不空手离去。

可以使用相关信息确定下面四种战略哪种最合适。这四种战略是：在现有市场出售更多的产品；在新市场出售相同的产品；在现有市场出售新产品；在新市场出售新产品。

每种战略都存在风险，你的计划越偏离当前的商业模式，风险就越大。所以要做好研究，它将有助于你选择最有可能获得成功的战略。

保持原状

虽然成长可能会带来巨大的回报，但也免不了风险。很多企业因为想要实现过快的成长而以失败告终。问问自己，你希望企业继续成长吗？对于某些企业而言，维持现有规模，同时改善运营方式，可能意义更大。这在很大程度上取决于你创业的初心和目的。如果你的企业已经很成功了，而且你在工作与生活之间实现了良好的平衡，那么进一步发展可能没有什么好处。

市场开发

附近开了几家新餐馆，你可以每天给它们送货。这是一个新市场，有助于你平衡每个月的收支，因为天气转凉后，你的水果摊生意会淡下来。

多元化

本地一家超市有20个门店，但不卖有机意大利面酱。你买了瓶子，从本地其他有机农场那里购入西红柿，然后开始卖意大利面酱给这家超市。

市场渗透

为了满足超额的客户需求，你不得不新盖一个大棚，种更多的西红柿。卖出更多西红柿所增加的收入可以抵消所产生的费用。

产品开发

你能种出多少符合市场质量标准的西红柿，就能卖出多少，但是那些形状不美观的西红柿弃之可惜。你决定用这些西红柿制作有机意大利面酱，然后在自己的摊位出售。

现有产品

新产品

产品

为企业成长融资

当企业需要更多的资金助力成长时，你必须清楚需要多少额外的资金及如何筹集资金。

评估需求

如果你决定通过成长或扩张带领企业再前进一步，那么接下来就要制定如何为这一阶段提供资金的策略。首先列出企业成长所需的资源和每一项预算。预算可以做得略高一些，以备不时之需（可能会突然产生意外费用，项目可能会因此脱离正轨）。算出总和后，你就知道大概需要多少资金了。接下来，证明资金安排的合理性，然后寻找合适的融资渠道。

融资类型

企业的性质决定了你可能选择的融资类型。例如，如果是一家制造企

厘清财务状况

当你与潜在的贷方、投资人或资助机构联系时，需要弄清楚自己的要求及其原因。你还必须准备好证据，证明企业目前的发展阶段、财务状况、未来前景。为此，你要厘清企业的财务状况，制订有关资金用途的周密计划。

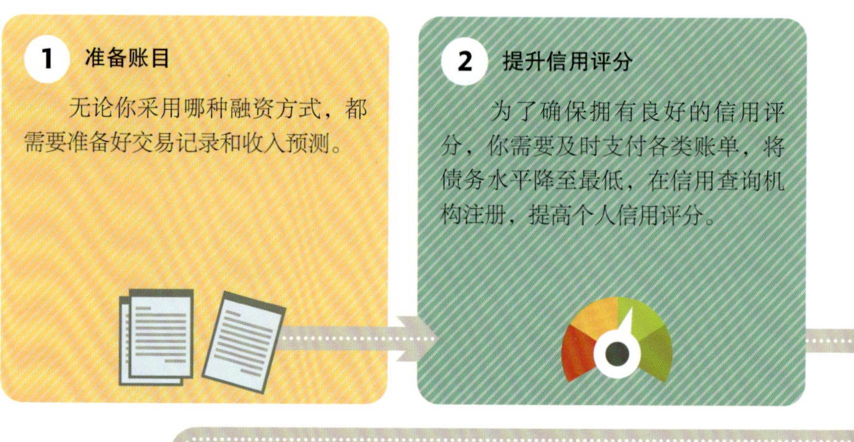

1 准备账目

无论你采用哪种融资方式，都需要准备好交易记录和收入预测。

2 提升信用评分

为了确保拥有良好的信用评分，你需要及时支付各类账单，将债务水平降至最低，在信用查询机构注册，提高个人信用评分。

4 做好预算

确定支出项目的优先级，以免在尚未购买重要物资之前用光资金。

5 计算现金流

要偿还新贷款的利息，每个月必须有充足的现金。仔细安排好还款时间，以确保有可用的资金。

业，那么可以购买而非租用工作场所，因为这样可以提高生产能力，增加价值。在这种情况下，申请商业抵押贷款可能更合适。另外，想一想你的需求是短期的还是长期的。如果是短期的，那么研究一下成长期管理现金流的方法；如果是长期的，那么最好选择贷款、申请拨款，或者寻找投资人。

融资选择

如果你的企业拥有良好的业绩，那么贷方可能更愿意贷款给你，并且更有可能为你提供优惠的利率。在高成长阶段，风险投资人会更感兴趣。如果你正在开发新产品或服务，那么拨款机构可能更容易被打动。

- **贷方** 如果你已经有了一笔贷款，那么你可以再申请一笔金额更大、利率更优惠的贷款。
- **投资人** 如果你的企业前景明朗，更容易吸引众筹投资人、风险投资人或天使投资人（他们通过投资分享利润，但不参与企业管理）。
- **拨款** 你可以申请政府机构、民间组织、大学、企业和慈善机构的拨款。对社会有积极影响的企业更容易获得此类拨款。

3 制订商业计划

撰写一份文件说明你的经营目标，衡量进度，并预测企业的未来发展情况。

6 准备讲稿

重点说明你的企业为何及如何利用当前的市场，用研究结果和统计数据来支持这一点。

2015年，仅德国的创业企业就获得了**33**亿美元的融资。

德国某网站，2020年

吸引新客户

获得新客户有助于创业企业的成长。传统营销活动的成本可能很高，不过，你可以利用巧妙的创意取得良好的效果。

分析客户

要把精力放在更有可能成为回头客、每次购买花钱更多的客户身上。定期查看销售数据，使用谷歌分析等免费工具收集有关市场增长的信息，判断客户群是否出现变化。尽管你的企业最初可能吸引了某一类客户，但你要知道当前情况是否已经改变，为什么会发生这些改变，哪一类客户对企业最有价值。要时刻知晓企业的潜在客户是谁，了解他们的购买习惯，这样才能找准目标客户。

提高曝光率

在客户喜欢购物的地方提高企业的曝光率，包括线上和线下。花钱开展社交媒体营销活动，添加引人入胜的知识性内容，或提供优惠——从小规模开始，分析响应率。此外，加入所有流行的和免费的在线企业名录和地图。

促销和打折

为初次购买者提供折扣，免费送货上门，赠送礼品或采用其他奖励方式。通过企业网站和付费社交媒体，或者在本地发放传单、开展营销活动等方式进行宣传。

与网红合作

网红在社交媒体上有大量的关注者，有时会有数百万人订阅他们的内容。他们会发布宣传某个品牌产品或服务的付费内容来影响关注者。与网红合作很有价值，你的广告可以面向特定的目标群体，即网红的关注者。举个例子，如果你的企业主要销售健身器材，那么你可以赞助一位极其热爱运动的网红，他的关注者可能也是健身爱好者，也许会被你的产品所吸引。

吸引客户的方法

很多吸引新客户的方法虽然花不了多少钱，但需要付出大量的时间。你可以集思广益，与员工、朋友和家人一起想办法。你还可以研究其他成功企业的做法。充分利用那些了解并且擅长用社交媒体的员工，保持对行业和客户群的热情。

联系以往客户

给失效客户发送电子邮件，表达思念之情，同时提供优惠，激励他们再次购买，承诺下次购买可以享受折扣或免费礼品。

寻找合作伙伴

与在业务上能够互补的企业合作。你们可以向彼此的客户推销产品，也可以受益于彼此的经验和专业知识。

鼓励推荐

利用现有客户群。如果他们推荐的朋友买了你的产品或服务，他们就可以得到奖励。此外，不管是老客户，还是他们推荐的朋友，都可以给予奖励，这有助于你在客户中建立信誉。

建立网络

考虑加入贸易机构、商会或网络团体以获取灵感，赢得新客户。赞助客户所在社区的活动，直接与客户建立联系。

推广网站

搜索引擎优化，想一想客户可能用哪些词进行搜索。分析响应率最高的社交媒体内容，并创建类似的内容。

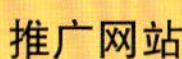

定位特定群体

量身定做有针对性的广告来吸引特定群体，如赞助网红在社交媒体上推广你的品牌。

监控在线反馈

关注在线评分和评论。如果出现投诉，要立即处理；正面评论也要给予回复。将外部网站的好评链接到你的网站和社交媒体账户上。

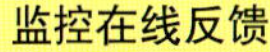

留住客户

要想顺利度过创业的第一年，不仅要建立客户群，还要把在你这里花钱最多的客户放在首位，并确保你不会失去他们。

了解客户

建立忠诚的客户群对企业而言有百利而无一害。哈佛商学院的一项研究表明，客户保留率提高5%，利润可提高95%。赢得新客户可能需要大量的营销工作和成本，与之相比，留住现有客户所需的成本更低。

要留住有价值的客户，你需要与他们建立关系，找出他们的兴趣所在。与客户面对面交谈，请他们给予真实的反馈，并分析客户的线上互动。收集有用的数据，据此定制产品或服务以满足客户的特定需求。这样他们会觉得自己受到重视，同时也会更看重你的品牌。

忠诚度的好处

忠诚的客户更有可能从你那里购

如何留住客户

有两种重要的方法可以用来提高客户忠诚度。第一，提供个性化的客户体验，让客户感受到他们与你的品牌或企业相关联，以此改善你与客户的关系。第二，保持产品或服务的质量。要做到这一点，需要密切关注企业幕后的一切。定期分析供应链，寻找使供应链尽可能顺畅的方法。

与客户建立关系

- 支持并推广客户可能赞成的事业，比如，可持续产品或社区项目，这样客户会始终愿意购买你的产品或服务。
- 建立个性化的通信方式，使用客户首选的联系方式，如电子邮件或推特。
- 除直接提供产品外，为客户提供额外的相关内容，比如，博客、有用的技巧、测验和竞赛，达到娱乐的效果。
- 保持透明，与客户分享幕后的努力，提升产品质量和团队诚信度。
- 通过忠诚度奖励和优惠、客户推荐计划、个性化的折扣来奖励客户。

买价格更高的产品或服务，也更有可能从你那里购买附加产品或服务。举个例子，你可以向他们推荐价格更高的产品，如配置更高的手机，这叫作“追加销售”；你还可以吸引忠诚的客户购买附加产品，如手机屏保，这叫作“交叉销售”。在整个购买过程中给予推荐和提供建议，是追加销售和交叉销售可采用的简单方法。

计算客户保留率

你可以用一个很简单的算式看看自己在保留客户方面做得如何。这个算式计算的就是客户保留率（CRR）。如果在特定时期内客户保留率下降，那么企业可能存在需要解决的问题。如果客户保留率上升，那么说明你在这方面做得越来越好，企业的销售额也应该会随之增长。

客户保留率（CRR）

S = 特定时期开始时的客户数量

E = 特定时期结束时的客户数量

N = 特定时期内获得的新客户数量

$$\text{CRR} = \left[\frac{E-N}{S}\right] \times 100\%$$

优化客户服务

- 把客户服务和回复时间放在首位。向达到客户服务绩效目标的员工发放奖金。
- 当客户联系你时，立即回复。当出现问题时，立刻道歉，并尽快解决问题。
- 确保客户的购买过程畅通无阻，提供快速、安全、灵活的付款流程。始终做到有问必答。
- 使用谷歌分析等工具监视网站和社交媒体上的互动，不断了解客户的需求。
- 为产品或服务及其交付设定效率和速度目标。若未达到目标，你要立刻展开调查。

“吸引新客户的成本可能比留住现有客户的高五倍。”

某网站，2018年

改弦更张

当商业环境发生变化时，你可能会感到恐慌。不过，你也可以利用这样的时机重塑自我，使企业朝着更新、更好的方向迈进。

大环境的变化

注意观察商业环境发生变化的早期迹象，提早采取行动。你遇到的可能是出乎意料的巨变，也可能是零售环境的发展、新技术的出现、法律法规的更新或竞争加剧导致商业环境的变化。通用汽车公司近一个世纪以来一直是美国汽车业的翘楚，结果却以倒闭告终，原因在于它忽略了客户的需求，未能采用新技术提高产品质量。创业企业规模较小，你可能没有丰富的资源，但这对你来说也有好处。你的企业在面临变革时，将受益于精益灵活的架构，能够迅速做出调整。

改变的方式

为了应对不断变化的环境所带来的挑战，你可以选择适应、转型或多元化。适应指在现有商业战略的基础上进行微调整，不断完善产品和销售方式。转型指采用新的商业模式或战略。多元化指扩大业务范围，提供不同类型的产品或服务。在右图的例子中，餐厅老板针对商业环境的三种不同变化，分别采取了适应、转型和多元化的方式。

适应

因为疫情，罗伊娜的餐厅关门了。为了适应新环境，罗伊娜开始为无法来餐厅取餐的顾客提供送货上门服务。为了扩大客户群，她开始使用颇为流行的送货上门应用程序。

转型

为了与附近一家新餐厅竞争，罗伊娜将她的餐厅改为烹饪学校，提供美食制作课程。她还在社交媒体上发布有关烹饪的视频。

思考可选项

不管商业环境因何发生了变化，你的首要任务都是弄清楚它对企业的影响，然后看看是否有新的商机。与员工或同事交谈，共同评估企业的资源，然后集思广益，通过调查研究及时找到成本效益高的解决方案，满足清晰可辨的市场需求。该解决方案可能需要调整产品（适应），选择新的方向（转型），或开发新产品（多元化）。尽量在现有经验的基础上进行调整，而不是从头开始。

案例研究

Stagekings

新冠肺炎疫情暴发以来，剧院和电影场景设计企业Stagekings发现，由于澳大利亚娱乐业的停摆，企业无事可做。面对突如其来的变化，企业通过转型做出了回应。鉴于有数百万名员工居家办公，企业的专业设计师想到了他们的需求，于是运用自己的技能设计了一系列居家办公用的办公桌。

多元化

面对其他餐厅的激烈竞争，为了提高利润，罗伊娜开始生产美味酱汁和调味油。她使用社交媒体来宣传新品。

须知

- 黑天鹅事件指无法预料的意外变化。
- 横向多元化指向现有客户群提供更广泛的产品和服务。
- 纵向多元化指拥有一部分供应链的所有权。

> “所有的失败都源自无法适应。”
>
> 《适应力：不确定时代的制胜之道》，马科斯·麦克恩（Max McKeown），2012年

管理变革

预测变革并成功地管理变革是经营企业的关键。采用有效的方法、明确的步骤，就可以成功地适应新的商业环境。

变革的来源

创业时，你最不希望发生的事可能就是短期或中期内发生重大变革。不过，企业会随时受到外部和内部因素的影响，所以进行调整是不可避免的。

举个例子，因为新技术的出现或消费趋势的变化，客户对你的产品或服务的需求可能会大幅上升或下降。你可能必须遵守政府制定的行业新规。甚至更出乎意料的是，环境危机可能会使市场陷入混乱。

制订计划

如果你事先做好应对变革的准备，并制定合理的流程，那么当变革到来时，你就能适应新的环境，向前发展。变革管理会提供清晰的行动计划，有助于最大限度地降低失败的风

管理变革过程

当企业面临变革时，需要所有相关人员的支持和热情，才能确保有一个好的结果。身为企业老板，你要保持公开透明，告诉大家为什么要进行变革，这一点很重要。大家的理解也很重要，这其中包括员工、重要客户、供应商或投资人等受影响的业务伙伴的理解。如果让他们参与进来，那么他们更有可能支持变革，并为企业的平稳发展做出贡献。

评估变革

确定变革的目标。想一想变革实施时间的长短，是循序渐进，还是立竿见影。想一想谁会受到影响。

制订计划

制订行动计划。列出企业各个级别需要进行哪些变革。想一想员工可能会抵制哪些情况，你将如何应对。

险。媒体巨头网飞公司就是一个很好的例子，它通过精心的变革管理成功转型。网飞公司提供DVD租赁服务有10年之久，2007年因为新兴技术的出现而转向数字流媒体服务。网飞公司从一开始就没有掉以轻心，它与全体员工进行了清晰的沟通，从而确保了顺利过渡，并创造了高额利润。

如何做到

在变革之前，先制订一个计划，说明变革的实际含义和情感影响。

实际行动

- 设立重要的时间节点，即你可以评估变革的影响并发现潜在问题的时刻。
- 每周检查进度，并向员工和所有利益相关者通报。
- 如果变革花的时间比预期的长，那么一定要保持镇定。在员工的支持下等待更长的时间可能比匆忙结束变革更有效。

情感意识

- 定期发送电子邮件或召开非正式会议感谢员工。
- 定期强调实施变革的原因，提醒团队变革将会改善工作。
- 如果变革导致企业要进行裁员，那么你应该酬谢这些员工为企业所做的贡献，并通过自己的人脉或代理机构帮助他们找到新工作。

“有变化的地方就有商机。”

日本实业家槙原稔（Minoru Makihara），1996年

沟通和理解

向员工和业务伙伴明确说明为什么需要进行变革，变革会对他们的日常工作产生哪些影响，你将如何为他们提供支持。鼓励他们给出反馈，回答他们提出的任何问题。

实施和扎根

按照正式计划进行变革。确保员工接受了所需的培训或拿到了所需的设备。鼓励并激励员工，对他们实现的每一步变革给予认可。

监督

树立良好的榜样，成为敬业、果断的企业领导，从自己和员工的失误中吸取教训。继续与员工互动。

许可

企业进入正常运营之后，许可是一种促进企业成长的方式。你可以作为许可人，让他人付费使用你的创意，也可以作为被许可人，付费使用他人的创意。

许可人

有些创业者并不出售有形产品，而是将知识产权（IP）的使用权卖给他人。知识产权属于创作成果，如设计、音乐、照片、插图、书面文字、软件和技术发明。在许可模式下，许可人仍然是知识产权的拥有者，但允许他人（被许可人）在规定的期限内按照约定的条款使用它，并收取一定的费用。举个例子，你创建了一个虚拟角色，可以许可另一家企业使用它，比如建立品牌或生产商品。

被许可人

通过许可，被许可人可以享用新的思想、概念和创意，而无须自己创造。但是，被许可人必须具有应用该知识产权并满足许可条款所需的技能和资源。因此，许可人往往会授权给

许可流程

许可是许可人和被许可人之间达成的一项法律协议。许可人是知识产权的拥有者，而被许可人是使用知识产权或将知识产权出售给更广阔的市场的个人或企业。许可人将知识产权授权给被许可人，指定知识产权的使用目的和销售地区。作为回报，被许可人会支付一定的费用，或将利润的特定比例付给许可人。被许可人还可以将知识产权用于开发其他产品。举个例子，插画师画了一幅图，将其授权给服装制造商使用，后者将这幅图印在T恤上出售。

许可内容

可以授权的知识产权范围很广，包括虚拟的创作成果和实际的产品。例如，你是一名软件设计师，将新开发的程序授权给大学使用。你是一位野生动物摄影师，将照片集授权给商业图片社。你发明了一个小器械，将其授权给一家企业，作为企业系列产品的一部分进行出售。

如何成为许可人

1. **注册产品** 在注册知识产权之前，确保其与现有专利和版权相比有一定的新颖性。
2. **创造独特卖点** 你的创意越新颖，对被许可人的价值就越高。研究市场，找出产品的独特卖点。
3. **确定潜在的被许可人** 调查同一行业内有哪些销售商和生产商。登录贸易展网站，获取参展商名单，看看哪些人可以联系。
4. **联系并讲解** 联系潜在的被许可人，提出发送样品的请求，让产品自己说话。

成熟的企业，这些企业更有可能获得成功并产生更高的销售额。

要获得授权，一般来讲你必须拥有良好的财务状况。你还需要在业界拥有良好的业绩记录，否则许可人可能不愿意授权给你。

拿到授权

知识产权受法律保护，他人在未经许可的情况下不能使用。知识产权许可共有四种主要类型：版权适用于艺术作品，如文学、音乐、照片和网站设计；专利适用于技术；商标用于保护包括徽标在内的品牌；已注册的外观设计保护的是产品的外观。

须知

- 预付款是被许可人支付给许可人的款项，通常在双方签署许可协议时支付。
- 侵权指未经授权使用他人的知识产权或制造假冒产品。
- 许可协议是许可人与被许可人之间的合同，一旦双方签字，该协议就具有法律约束力。
- 二级被许可人是原被许可人指定的额外被许可人（第三方），这可能出于生产或销售等目的。
- 区域指被许可人可以在哪些国家或地区使用许可人的知识产权。
- 商业机密也是一种知识产权，通常是某种具有商业价值的“秘诀”或配方。

如何成为被许可人

1 **确定想要获得授权的产品** 如果你没有从零开始开发创意的必要资源，那么可以在同一行业内寻找潜在的许可人。

2 **准备介绍材料** 整理好一份企业的详细说明，包括现有产品、市场的详细信息，以及制造和生产资源。

3 **寻求资金来源** 计算预期利润，准备好账目，并在需要时联系贷方或投资人。

4 **搜索许可人** 寻找潜在的许可人，相关渠道包括国际授权展、专利登记簿和代理商。

5 **联系理想的许可人** 收集许可人信息，对比相关的知识产权，做出评估。

6 **判断产品前景** 评估将产品引入某区域可能遇到的实际问题。准备好相关数据进行谈判。

7 **协商费用** 与许可人商定年费或使用费。确定当你进一步开发原创的知识产权时，如何分配收益。

卖掉企业

到了某一天，你可能会想要卖掉自己的企业。这将是一个艰难的决定。不过，通过仔细的计划和研究，你可以让整个过程尽可能畅通无阻，同时赚到更多的钱。

做好准备

想要卖掉企业，首先要有令人信服的原因。你可能想要退休，可能看好了另一个项目，也可能要与合作伙伴分道扬镳，重新开始。所有这些原因都很合理，也很容易让别人理解。坦诚地将企业的财务状况告知相关方，取得他们的信任。如果你的企业尚未赢利，那么可以进行停业大甩卖，以便快速地完成交易。

经纪机构或代理机构可以帮你与潜在买家沟通，并确定真心想买的人，尤其是在企业规模较大或估值较高的情况下。向几家经纪机构寻求建议，选择估值最务实的那家。听取他们的意见，看一看近期出售的类似企业的情况或当前正在出售的企业的报价，还要考虑可能影响价格的本地因素。举个例子，如果你开的是一家汉堡店，而附近一所新建的大学即将开门招生，那么这条信息可以用来支撑你的报价。

找准时机

根据业内估算，一家企业平均需要六个月到一年的时间才可以卖出，所以不要着急。提前做好计划，保持耐心，这会最大限度地提高成功卖出的概率。如果潜在的买家感到你迫切想要卖掉企业，那么你可能卖不上好价钱。季节性的时机可能也很重要。例如，从理论上讲，冰激凌店在夏天会比在冬天吸引更多的关注。

开始筹备

做好充分准备至关重要。提前思考如何提高销售收入。确定是自己负责整个流程还是聘请经纪人。调研市场，准备好财务文件和演示文件，这将提高你吸引到诚心买家的概率。

尽职调查

就商业交易而言，“尽职调查”这一术语指审查企业的财务记录。尽职调查会在签订合同之前进行，它可以帮助买方确定交易是否存在风险或问题。

- 请潜在买方签署保密协议，然后再允许他们查看企业的业务数据。
- 从买方的角度思考这笔交易，实事求是地对企业进行分析。
- 把卖方文件放在一起，包括买方做决定所需的所有详细财务信息。
- 确定企业的资产、负债、销售额、毛利率、收益率、应收账款和其他关键的会计指标。
- 准备好应对买方提出的任何疑问，不要试图掩盖负面信息。

由于没有通过尽职调查，因此**50%**商定的交易未能完成。

基准国际会议（Benchmark International），2020年

1 估值

- 计算企业的价值。粗略的算法是年利润的3倍，但这会有很大差异，具体取决于市场条件和行业规范。
- 研究市场前景，考虑它可能对估值产生的影响。
- 实事求是地提供所有信息，即使企业亏损，也要如实提供。

2 准备合同等文件

- 准备企业的财务记录，就交易的税收问题寻求专业建议。
- 列出交易包括的所有资产。
- 准备好经营场所的所有监管证书和许可证。

3 找到买方

- 寻求专业经纪机构的帮助，它可以提供建议并指导你完成交易。
- 即使请了经纪机构，也要继续参与，积极地加以推进。
- 筛选潜在买方，确保他们真心想买。

4 达成协议

- 调查买方，确定你可以接受的最低价格。
- 讨论交易结构，包括金额、转让的股份或资产。
- 商定移交流程，包括现有员工如何安置。

5 管理利润

- 仔细想一想如何使用出售企业得到的钱，不要直接花掉。
- 列出财务目标，如退休或偿还债务，并制订相应的计划。

继续前行

放弃你一手创办的企业可能并非易事，但终有一天企业可能要由他人接手。尽早制订继任计划，以便你在卸任前做好充分的准备。

选择继任者

对于任何企业而言，准备移交控制权都是一项艰巨的任务，不管你是打算卖掉企业，还是保留所有权但聘请其他人来经营企业，或是交给家人打理。寻找继任者可能有多种原因。你也许准备退休，想用更多的时间做自己的项目，或者你已经实现了所有目标，决定将精力集中在令人激动的新项目上。如果你的企业停滞不前，那么移交权力可能有所帮助。不管你是因为没有了动力，还是因为忙于其他新项目而要放弃一手创办的企业，找人接替你的位置都是一个新的机遇。你可以寻找具备不同优势的人，让他们帮助拓展业务，并为企业注入活力，带来创意。

继任计划不应该在你准备结束这段职业生涯时才开始制订，你应该提前做好准备。如果出现突发事件，那么你的企业可能会群龙无首，因此你需要一个备用计划，确保在你不在的时候企业仍能正常运转，这对员工和你的家人来说都是有益无害的。想一想你希望你离开后企业是什么样子的。为了维护企业的价值，继任者必须尊重企业的价值观，并且拥有在此基础上发展企业所需的技能和动力。

交接

移交控制权时，先要回顾一下当前的领导层情况。评估领导者所需的素质和技能，看看现有员工中是否有合适的人选。在接触潜在继任者之前，想好工资和福利。

研究当前的领导层

- 确定领导层的变更会对哪些人产生较大的影响。
- 确定员工希望新领导具备哪些素质。

说明新领导的要求

- 思考维持并发展业务所需的领导力。
- 列出继任者所需的技能和经验。

考虑潜在的候选人

- 看一看现有员工或家人是否具备领导潜能。
- 如有必要，在企业外部寻找具备所需技能的领导者。

看一看有没有哪位员工或家人具有领导企业的潜力。如果你觉得没有人合适，那么可以在企业外部寻找合适人选。培养继任者应该是管理过程的一部分。

卸任

理想情况下，你应该逐步卸任，这样可以给新领导一段适应的时间，让他赢得员工和主要客户的信任。慢慢退下来，如减少在办公室的时间，但整体时间不宜过长，否则继任者可能会因为你的存在而受到阻碍。具体的卸任时机取决于继任者。与外部招聘的人相比，与你密切合作过的现有员工可能在很短的时间便可进入状态。

退出计划

退出计划中有一部分很重要，那就是规划下一次创业如何筹集资金或规划退休生活。

- 当你成立企业时，尽早开始规划。
- 要知道卸任之前想要达到的里程碑或什么时候退休，以及下一个项目或理想的生活方式需要多少资金。
- 了解不同类型养老金的税收优惠和回报率，寻求专业意见。
- 在商业计划中设定储蓄目标，定期用所挣的钱支付养老金或存到储蓄账户中。
- 立遗嘱，确保家人得到照顾。

英国**42%**的家族企业制订了继任计划。

某网站，2018年

培养继任者的能力

- 培养继任者，使其接触企业的所有业务，掌握所需的新技能。
- 提供持续的指导，助其建立信心。

准备移交

- 开始让继任者自主管理企业。
- 如果继任者表示需要你的支持，那么可以逐步卸任。
- 在完全卸任之前，评估继任者的表现。
- 卸任后就不要再插手企业的运营，把决定权交给继任者。

原著索引

Page numbers in **bold** refer to main entries.

accelerators 85
access, workspace 113
accountants 51, 88, 90
accounts 15, 77, **88–89**
achievement, culture of 171
action plans, writing **106–107**
"add-on" products and services 192
advances 207
advantage, creating competitive 22
advertising 35, 105, 190
  action plans 107
  choosing your channel **138–39**
  costs 79
  key performance indicators (KPIs) 154
  promoting awareness 67, 118
  on social media 119, 141
  targeted campaigns 199
advocates 149
affiliate businesses 35, 115
after-purchase support 149
agencies 35
agents, paying 73
algorithms 68, 118, 187
Allegro 34
alliances **150–51**, 156
Amazon 13, 66, 69, 161
analytics tools 141, 152, 187, 198, 201
Ansoff, Igor 194
Ansoff Matrix 194
anti-discrimination laws 129
anxiety 172, 173
Apple Inc 15, 59
appraisals, performance 176
apps 147, 186, 187
artistic abilities 14
assessing yourself 14
assets 78, 82, 89, 90, 158, 159
attitudes, positive 162
avatars 41
Avon 34
awards, applying for 157
awareness, promoting 67

B

bait and hook model 35
balance, work-life **52–53**
Ban Ki-moon 101
banks: bank loans 82, 89, 161, 196
  investments 84, 85
  setting up business accounts **92–93**
  taking customer payments 72, 73
behavioural factors 40, 41
belonging, sense of 12
Bezos, Jeff 13
billboards 138
black swan events 203
blogs 135, 141
books: balancing **88–89**
  bookkeeping 158
bootstrapping 82
boundaries, setting 52, 54
Brand, Stewart 187
Brand Identity Prism 61
brands and branding: boosting your **62–63**, 136
  choosing names 58
  creating **60–61**
  franchises 30, 31
  generating interest in **136–37**
  mission statements and 25
  one-off costs 79
  trademarks 59, 61, 96
Branson, Sir Richard 137, 151, 167
bricks and clicks 34
broad targeting 119
brokers 35, 208
budgets 14, **160–61**, 196
Buffet, Warren 89
buildings insurance 95
burn rate 161
business angels 85
business cards 142
business culture **162–63**
business essentials, buying **76–77**
business format franchise 30
business interruption insurance 94
business models **34–35**, 38
business plans **104–105**, 107, 197
business-to-business (B2B) sales 38, 39, 82
business-to-business-to-consumer (B2B2C) 38, 39
business-to-consumer (B2C) sales 38
businesses: buying 27, 192
  defining your business 36
  expanding **192–93**
  growing your **190–91**
  improving **182–83**
  selling **208–209**
  working with other **150–51**
Buttle, Francis 131
buying: buying businesses 27, 192
  buying habits 131
  buy-sell agreements 55
buzz, creating a **136–37**

capital 193
  capital gains tax (CGT) 90
carbon footprints 100
cash flow 159, 179, 191, 196
  forecast 105
  managing **160–61**
  projections 83
  repayment schedules 83
  statement of 89
cash payments 73
causes, supporting good 200
certification 19
challenges, new 168
change: anticipating and managing **204–205**
  changing direction **202–203**
  reasons for change 204
characteristics, personal 14
charities 27, 32, 33
charters, family 28, 29, 55
checklists, "good idea" **16–17**
cheques 73
childcare 53
Chopra, Manish 66
cinema advertising 138
circumstances, changing **202–203**
clients see customers
cloud services 186
Coca-Cola 16, 59

code of conduct **102–103**
collaborations **150–51**, 156, 175, 199
commission 159
commodity 64, 65
communication 15
  building customer relationships 148
  conflict and 55, 175
  customers and 64, 65
  dealing with crises 185
  e-communications 130
  good managers 127
  harnessing technology 186, 187
  maintaining 150
  networking 142
  personalizing communications 200
  staff wellbeing **172–73**
community: code of conduct 102
  community events 134, 200
commuting 12, 44, 45
competitions 135
competitors 19
  assessing 22, 42, 47
  comparing yourself to 19
  competing on perceived value 36
  finding gaps in the market **20–21**
  identifying USPs 23
  learning from 70
  pitching for investment 86, 87
  remaining competitive **182–83**
  strategies and 36, 190
  as threats to your business 155
  writing business plans 105
complaints 130, 154, 201
components, sourcing **48–49**
computers 76, 78, 186
concepts 60, 157
confidence, making the big leap **12–13**
conflict, managing 55, **174–75**
consumables 77, 79
consumers: business-to-consumer (B2C) sales 38
  consumer watchdogs 108
contacts 131, 134, 142, 156
contingency 80, 161, 180
contractors 26, 61, 78, 79
contracts 50, 51, 76, 122
control, increasing 12, 13
convenience 64, 65
cookies 119
cooperatives 27, 32
copyright 96, 97
corporation tax 59
costs 64, 65, **76–79**, 80
  business essentials **76–77**, 159
  and cash flow 161
  estimating **78–79**
  fixed costs 158, 160
  improving performance 183
  initial 78, 79
  investment and contingency 80
  ongoing 78, 79, 161
  understanding **158–59**
Cotton, Ann 32
Coughter, Peter 87
courier services 75
creative thinking 15
credit cards 82, 83, 92, 161
credit scores 196
credits 89
crises, preparing for **184–85**
cross-border payment platforms 73
cross-selling 201
crowdfunding 82, 83, 84
culture, establishing a shared **162–63**
customers: attracting new 141, **198–99**
  building customer relationships 146, **148–49**
  calculating customer retention rate (CRR) 201
  code of conduct 103
  customer acquisition cost (CAC) 152
  customer data systems **120–21**, **130–31**, 148
  customer feedback 154
  customer lifetime value (CLV) 152
  customer relationship management (CRM) **130–31**
  customer satisfaction 19, 148, 154
  customer services 37, 51, 71, 147, 149, 165, 201
  feedback 146, 147, 152
  finding target markets **20–21**
  fulfilling orders **74–75**
  identifying **40–41**, 42, 46, 131
  increasing customer appeal **198–99**
  loyalty **146–47**, **200–201**
  marketing campaigns 119
  promoting growth 190
  relationships with brands 61
  retaining your **200–201**
  selling process **66–67**
  sticky customers 149
  targeting **40–41**, 66
  understanding consumer rights **108–109**
customization 153
cybersecurity **120–21**, 186

data: customer data systems **130–31**
  data analytics 131, 153, 187
  data management platforms 119
  data protection **120–21**, 186
deadlines 106, 174, 175
debit cards 92
debits 89
debt 82, 83
deficit 161
delegation 193
deliveries 49, 75, 77, 102, 108
demand, assessing **42–43**
demographic factors 40
denial of service 121
deposits, security 47
depreciation 159
design, branding 61
desk research 42
development 12, 156
digital wallets 73
direct mail 138
direct sales 34
direction, changing **202–203**
disability 113, 125, 128, 129
discipline 177
discounts 71, 147, 198
dismissal 177
disputes 54, **174–75**
distributors 48
diversification 192, 195, 202, 203
diversity **128–29**
dividends 80, 81, 89, 90, 91
double-entry bookkeeping **88–89**
dreams, pursuing your 13
drive 14, 171
Drucker, Peter 19, 179
due diligence 208

E

e-commerce 34, 50, **68–69**, 115
search engine optimization (SEO) 69, 114, 116, 118, 199
e-communications 130
e-fulfillment companies **74–75**
e-payment systems 72
earnings, estimating **80–81**
eBay 66, 69
electricity 99
electronic payments 72
elevator pitches 86, 104
email marketing 50, 153, 154
employees: attracting candidates 123
brand stories 63
career development 102
charters 28, 29, 55
code of conduct **102–103**
contracts 51
cybersecurity 121
disability 113, 125, 128, 129
discipline and dismissal 177
diversity and inclusion **128–29**
employers' liability insurance 94
empowering 171
encouraging flexibility 167
expanding your business 193
finding the right talent **122–23**, **170–71**
hiring a manager **126–27**
identifying skills 164
induction plans 125
investing in your team 166
job descriptions 124
key performance indicators (KPIs) 155
managing and resolving conflict **174–75**
managing change 204, 205
managing staff performance **176–77**
ongoing costs 79
payrolls 51
rapid company growth 191
recruiting 51, **124–25**
retaining talent **168–69**
rewarding 177, 205
running a sales team **170–71**
safety procedures **98–99**
valuing your 168
wages 158, 159
wellbeing 52, **172–73**
work-life balance 52
working with friends and family **54–55**
employers' liability insurance 94
employment: pros and cons of 12
side hustles and 13, 15
entrepreneurs, social 33
environmental issues **100–101**, 102
epidemics, planning for 184
equipment 18, 76, 99
equity 89
equity funding 82, 83, 84
ethics 33, 49, **102–103**
Etsy 69
European Union, legislation 108
events 137
executive summaries 104
exit strategies, planning 211
expanding your business **192–93**
expectations: exceeding 71
high 21
identifying and managing 70, 74, 147
setting 170, 173, 176, 177
expenditure 89
expenses 79, 90, 92, 105, 155, 158
exporting goods 49

F

Facebook 59, 140, 141
Facebook marketplace 69
failures, responsibility of 13
fairness 172
family: investments 84
promotion through 134
work-life balance **52–53**
working with family 27, **28–29**, **54–55**
fast-food chains 30
faulty items, consumer rights 109
feedback 71, 152, 154
acting on 146
collecting 147
monitoring 199
staff 170
target audience 132
fees, online selling 69
finances: accountants 51
balancing the books **88–89**
business essentials **76–77**
chasing payments 160
data protection **120–21**
due diligence 208
estimating earnings **80–81**
financial forecasts 105
financial health 78
financial risk 13
financial security 12
financing business growth **196–97**
finding investment **84–85**
funding your business 33, **82–87**, 104, 197
holiday and sick pay 12, 13
key performance indicators (KPIs) 155
making predictions 159
managing budgets and cash flow **160–61**
managing your **158–59**, 165
pitching for investment **86–87**
start-up costs **78–79**
types of financing **196–97**
understanding business costs **158–59**
writing business plans 105
fintech (financial technology) organizations 92
fires 94, 98, 113, 184
first aid 99, 113, 173
fit for purpose 109
fixed costs 158, 160
fixed-term contracts 122
flexibility 12, 52, 167, 183
flooding 94, 184
flyers 152
Fnac 34
focus groups 133
food industry 38, 98
forecasts, financial 105
forums 16, 135, 141
franchises 27, **30–1**, 35
Franklin, Benjamin 107
freelancers 26, 61, 122
freemium business models 35
friends: investments 84
promotion through 134
working with **54–55**
fulfilment management **74–75**
funding your business 33, **82–87**, 104, 197

fundraising 33
furniture, office 78, 113

G

Gandhi, Mahatma 175
gas 99
Gates, Bill 25
gender 128, 129
General Motors 202
Generation X 40
geographic factors 40
giveaways 135, 136, 137
global presence 193
goals 106
  achieving your 13
  change and 204
  communicating your 36
  defining **24–25**, 55, 171
  motivating staff 54, 177
  reviewing 157
  SMART **166–67**
Google 59, 69, 118
Google Alerts 136
Google Analytics 152, 198, 201
Google Hangout 142
Google Trends 141
governance 33
government: consumer rights 108
  grants 85
  legal safety requirements 98
grants 85, 197
green issues **100–101**
gross profit 91, 105, 155
growth: expanding your business 192
  growing your business 190–91, **194–97**
  scalability 17, 19

H

hardware, portable 186
Harvard Business School 132, 200
headhunting 51
health and safety 112, 155, 173
holiday pay 12, 13
home, working from 44, 46, 52
Honest Tea 16
horizontal alliances 151
horizontal diversification 203
Hotmail 59
human resources 164
hygiene 98, 113, 184

I

ideas: borrowing from rivals 156
  capturing 162
  clarifying 42
  developing 14, **16–17**, 42, 43
  organizing and rationalizing 162
  successfulness of 16
  unprotected 96
identity, brand 61
IKEA 58
illustrations, protecting IP 96
importing goods 49
incentives 71
inclusion **128–29**
income 89
  estimating 80
  financial security of 12
  income statements 89
  income taxes 91
  income versus investment 80
  recording 158
  required income 81
  self-employment and 13
Incorporated (Inc) companies 59
incubators 85
inexperience 15
influencers 41, 136
  brand stories and 63
  working with 135, 139, 141, 142, 198, 199
information, security of **120–21**, 186
infringement, licensing 207
Instagram 140, 141
insurance 75, 77, **94–95**, 109, 158
intellectual property (IP): licensing **206–207**
  protecting **96–97**
interest, creating 67
interest rates 84
International Consumer Protection and Enforcement Network (ICPEN) **108–109**
inventories 50, 51, 74, 75, 78, 155
investment: business plans 104
  finding investment **84–85**
  income versus investment 80
  investors 82, 84, 161, 179, 196, 197
  pitching for **86–87**, 197
invoicing 160
isolation, self-employment and 13
IT 15, 76
  data protection **120–21**
  equipment 78
  failure of 184
  management of 79, 165
  outsourcing 50
  workspace requirements 112

J

Jefferson, Thomas 81
job boards 123
job satisfaction 13
Jobs, Steve 15
journals, recruiting through 123

K

Kapferer, Jean-Noël 61
key performance indicators (KPIs) **154–55**
keyword targeting 118, 119
Kilmann, Ralph 174
Koch, Richard, 37

L

language skills 14
Lauder, Estée 171
launch, preparing for **132–33**
Lauterborn, Robert F. 65
leadership 15
leads 131
leases 47, 76
ledger books **88–89**
legal issues: consumer rights **108–109**
  intellectual property (IP) 207
  legal advice 51
  legal protection insurance 94
  legal requirements 77, 79
  staff wellbeing 173
  trade secrets 97

legislation 36, 177
LEGO 59
lenders 197
liabilities 89
licensing 35, 49, 77, 95, 158, **206–207**
lifting and moving objects 99
lighting 99, 113, 173
Limited (Ltd) companies 26, 59
limited liability companies 26, 27
LinkedIn 35, 123, 125, 140, 156
liquidity 161
living costs 80, 81
loans 84, 79
local authorities: consumer rights 108
  grants 85
  legal safety requirements 98
  taxes 91
location, importance of 47
logistics 50, 51
Lombardi, Vince 149
loss 159, 161
loyalty 190
  creating 71
  customer **146–47**, **200–201**
  loyalty schemes 149, 157
lunch breaks 52

M

McDonald's 30
Ma, Jack 22
machinery, safety 99
McKinsey & Co 128
magazine advertising 138
Mahesh Yogi, Maharishi 127
mailings 137
Makihara, Minoru 205
malware programs 121
management: hiring managers **126–27**
  managing your business **164–65**
  staff performance 14, **176–77**
  teams **166–67**
manufacture 30, 34, 48, 51
marketing 190
  analysing marketing responses 131
  building customer relationships 148
  business-orientated **64–65**
  consumer-orientated **64–65**
  costs 79
  creating marketing plans 157
  digital 187
  effectiveness of **152–53**
  environmental considerations 76
  generating publicity 137
  investing in 152
  key performance indicators (KPIs) 154
  management of 165
  marketing cycle 152
  marketing mix **64–65**
  mission statements and 25
  organic marketing 134
  outsourcing 50
  pre-launch checks 133
  social media 198
  spreading the word **134–35**
  understanding publicity 136
  websites and 119
  writing business plans 105
marketplaces, online 69
markets: analysing 157
  attracting new customers 198, 199
  changing 43
  finding gaps in 16, 17, **20–21**, 37
  knowing your **38–39**
  market development 195
  mass markets 38, 39, 65
  niche markets 37, 38, 39, 65, 105
  researching 15, 16, 20, 153
  segmenting 40, 41
  target **20–21**, 36, 131, 132, 153
  testing 157
  writing business plans 105
material costs 79, 159
McKeown, Max 203
Mead, Margaret 165
media coverage 135, 136, 137
meditation and mindfulness 52
mentors 85, 168, 191
merchant service providers 72
Microsoft 25
Microsoft Teams 142
milestones 205, 211
Millennials 40
mission statements 25, 36, 33
mistakes, responsibility of 13
Mittal, Lakshmi 17
mobile technology 139, 187
momentum, maintaining **156–57**
money orders 73
Monster 123
motivation **12–13**, 25, 30
MUJI 137
Mulcahy, Ann 168
Multi-Ply Components 169
Myers, Vernā 129

N

names **58–59**, 61, 96
narrow targeting 119
natural disasters, planning for 184
Naturals Ice Cream 30
near-field communication (NFC) 187
needs: assessing your 50, 76, 79, 122, 196
  understanding clients' needs 71
negotiation 14
nepotism 27
net profit 91, 105, 155
net promoter score 131
net worth 161
Netflix 35, 59, 161, 205
network structure 165
networking 45, 48, 134, **142–43**, 156, 190, 199
newsletters 139
newspaper advertising 138
Nielson, Jakob 117
Nike 59
non-disclosure agreements 208
non-profit organizations 27, **32–33**
numeracy 14

offers 147, 157, 160
office hours 12, 13, 44, 52, 173
office politics 12
online selling 34, **68–69**
  advertising 139
  e-payment systems **72–73**
  reviews 146, 147
  search engine optimization (SEO) 69, 114, 116, 118, 199
open days 137
open-source software 187
operations 103, 105, 155, 164
operations manual 183
opportunities 12, 16, 17, 36, 155

options, considering your 12
orders, fulfilling 66, **74–75**
organic marketing 134
outsourcing tasks **50–51**, 122
overheads 45, 155, 158
owners' council 55

PQ

packaging 51, 61, 77, 101, 102
paid search advertising 139
parenthood, juggling 53
partnerships 59, 150
  collaborating with partners 199
  expanding your business 193
  identifying 156
  informal 26
  tax and 90, 91
passing trade 47
passion 70
patents 96, 97, 206, 207
pay-per-click display advertising 139
payments 71, **72–73**
PayPal 73, 115
payrolls, outsourcing 51
peer investments 84
Penney, James Cash 193
performance: analysing **154–55**
  appraisals **176–77**
  improving **182–83**
  reviewing progress 205
permits 77, 95
personal characteristics 14
personal protection 99
personalized services 130
Peter the Great 90
phishing 121
photographs, protecting IP 96
pitching for investment **86–87**, 104, 197
place 64, 65
politics, office 12
pollution 100, 101
pop-up events/facilities 47, 132, 137
Porter, Donald 109
POS (point-of-sale) system 73
postage 75
premises see workspaces
pressure 175, 185
prices 23, 64, 66, 105
problem-solving 15
processes, streamlining **178–79**, 182, 183
producers, using local 48
production, management of 164
productivity 112, 130, 172
products: consumer rights **108–109**
  design 64
  developing new 37, 157, 195
  diversification 195, 202, 203
  expanding your business 192
  franchise 30
  fulfilling orders 19, **74–75**
  importing 49
  key performance indicators (KPIs) 155
  marketing **64–65**, 105
  product-based businesses **18–19**
  product liability insurance 94, 109
  promoting 130
  sales channels 66
  scalability of 19
  selling process **66–67**
  sourcing supplies and components **48–49**
  supply chains **180–81**
  testing **132–33**
  USPs 23, 196
professional liability insurance 95
profits 81, 90
  cooperatives 32
  forecasting 105, 159
  gross profit 91, 105, 155
  net profit 91, 105, 155
  profit and loss statement 89, 158, 159
  profit margins 155
  non-profit organizations 27, 32
  selling your business 209
promotions 64, 65, 105, 130, 135, 136, 137, **146–47**, 198
protection: protecting your business **94–95**
  safety **98–99**
PSP (payment services provider) 73
psychographic factors 40, 41
public liability insurance 95
public relations (PR) 33
publicity 136, 137
purpose, defining your 24
quality 19, 23, 108, 149, 182

R

race 128, 129
radio stations 138
ransomware 121
rates, business 91
razor blade model 35
reconditioned items 76
recordkeeping **158–59**, 193
recruitment agencies 51, 123
recycling 101
referrals 69, 122, 123, **146–47**, 157, 199
refunds, no-quibble 71
registered designs 96, 97
regulations 19, 51
reliability, providing 149
renewal options 47
rent 47, 158
repairs, consumer rights 109
reports, financial 89
repurposed items 48
reputation 30, 123
research: bringing customers to life 41
  franchises 30, 31
  into gaps in the market **20–21**
  investors 86
  market research 42, 153
  where to locate your start-up **46–47**
responsibility **102–103**, 164
retail 34
retained earnings 81
returns: consumer rights 109
  return on your investment (ROI) 139
reused items 48
revenue 90
reviews, online 146, 147
rewards 149
  employee 169, 171, 172
  reward schemes 71, 83, 130, 135, 199, 200
Riani, Abdo 35
rights, consumer **108–09**
risk: growth strategies 195
  protecting your business **94–95**
  risk assessing 94, 173
  taking 12, 15
Robinson, Janet L 146
Roddick, Anita 177
royalties 30, 207
running costs 80

S

safety **98–99**, 112, 113
salaries 80, 126
sales 89
  analysing sales data 153
  direct sales 34
  effectiveness of marketing **152–53**
  fulfilling orders 66, **74–75**
  increasing **190–91**
  key performance indicators (KPIs) 154
  management of 165
  marketing mix and **64–65**
  mastering 157
  online selling **68–69**
  running sales teams **170–71**
  sales taxes 91
  selling process **66–67**
  tracking 153
  writing business plans 105
samples, free 135
"Sand Cone" model **182–83**
scalability 17, 19
schedules 53
Schumacher, Michael 155
search engine optimization (SEO) 69, 114, 116, 118, 199
seasonal work 47, 122
security 47, 76, 83, 186
segmenting the market 40, 41
self-employment 26
self-storage 45
selling: online selling **68–69**
  selling process **66–67**
  selling your business **208–209**
  see also sales
sense of purpose 17
service-based businesses **18–19**
  business-to-consumer (B2C) sales 38
  competing on customer service 37
  consumer rights 109
  creating USPs 23, 196
  developing new 157
  how to create successful **70–71**
  marketing **64–65**, 105
  promoting 130
  scalability of 19
  service agreements 76
service level agreement 70
shared spaces 44, 45
shareholders 55, 81, 90
shares 84, 90
shipping 49, 51, 75, 77
Shopify 69
shows 137
sickness 12, 13, 155
side hustles 13, 15
Sinek, Simon 24
skills 14, 15, 164
Sky TV 35
Skype 58, 142
SLA (service level agreement) 50
SMART goals **166–67**
Snapchat 140
social enterprises 27, 32, 33
social entrepreneurs 33
social media 59, 105, 119, 148, 190, 199
  action plans 107
  advertising 139, 141
  brand stories and 63
  CRM systems 130
  crowdfunding 82, 83
  customers' behaviour 41
  forming alliances 151
  influencers 41, 63, 135, 136, 139, 141, 142, 198, 199
  key performance indicators (KPIs) 154
  making the most of **140–41**
  marketing 115, 198
  outsourcing 50
  pre-launch checks 133
  promoting awareness 67
  targeting 135
  visibility on 118, 119
software 76
  accounting 88
  customer relationship management (CRM) **130–31**
  cybersecurity **120–21**
  data management platforms 119
  investing in 186
  open-source software 187
Solarkiosk AG 103
sole entities, tax and 90
sole traders 26, 58, 59, 90, 91
speed, improving performance 182
staff see employees
standards, ethical 49
standing out from the crowd 17, **22–23**
start-ups: choosing a business model **34–35**
  choosing where to locate your **46–47**
  costs 30, **76–9**, 80
  side hustles 13, 15
stationary 77, 159
step change 182
stepping back 211
stock see supplies
Stone, Biz 85
storage 18, 45, 77, 113
stories, telling your **62–63**, 136
straplines 61
strategies 106, 107
  creating **36–37**
  diversity 128
  growth 190, **194–95**
  testing **132–33**
strengths, identifying 14, 16, 17, 36, 155
stress 52, 112, 173, 174, 175
structure, choosing a **26–27**
sublicensee 207
subscription business models 35
success 152, 156, **190–91**
succession planning 55, **210–11**
suppliers 23
  code of conduct 103
  local 48, 100
  managing cash flow 161
  sourcing **48–49**, 151
supplies 77, 89
  business assets 78
  capital gains tax (CGT) 90
  discounting 160
  limiting 161
  replenishing 18
  running out of 19
  stock and contents insurance 95
  supply chains **180–81**, 200
  vertical diversification 203
support 149, 187
surplus 161
surveys 147
sustainability **100–101**
switching off 13
SWOT analysis 36, 104, 155

talent, retaining **168–69**
targets, setting 171, 201
tasks, outsourcing **50–51**, 122

Tata, Ratan 55
tax 80
 charities and 33
 corporation tax 59
 expenses 79
 and importing goods 49
 leasing contracts 76
 sustainability and 100
 understanding business tax **90–91**
teams: managing **166–67**, **170–71**
 structure 165
technology 36, 77, **186–87**
television advertising 138
temperature 113, 173
terms, offering flexible 37
territories 207
Tesla 161
testimonials 67
Thomas, Ken 174
TikTok 59
time: time management 15
 timeframes 107, 133
totals, balanced 89
touchpoints 130
toxicity 98
trade magazines 16
trade secrets 96, 97, 207
trade shows 48
trademarks 58, 59, 61, 96
training 18, 19, 168, 169, 170
traits, personal 15
transferable skills 14, 15
transparency 200
trends 16, 105, 131, 141, 157, 191
trust 70, 71, 142, 171
turnover 81, 90, 91
Twitter 58, 85, 140, 200

UV

Uber 161
unconscious bias 129
unique selling points (USPs) 23, 105, 196
up-selling 201
utilities 77, 79, 159
value, understanding 22, 36, **178–79**
value-added tax (VAT) 91
values, brand 24, 25, 60, 66, **162–63**, 166
variable costs 158, 159
Vaynerchuk, Gary 197
vehicles 76, 77, 78, 101
ventilation 113
venture capitalists 85, 197
vertical alliances 151
vertical diversification 203
video calling apps 187
vintage items 48
virtual workspaces 45
visibility, boosting your **118–19**, 198
vision 24, 25
vulnerable people 99

WYZ

wages 79, **80–81**, 158, 159
Walton, Sam 21
warehousing 45, 50, 51, 75
waste, reducing 100
weaknesses in your business 14, 15, 16, 36, 155
websites: affiliate businesses 35, 115
 attracting traffic and improving visibility **118–19**
 content 114, 115, **116–17,** 119, 135, 147
 content management system (CMS) **116–17**
 customer relationship management systems (CRM) 130
 data protection **120–21**
 designing and building 76, 78, 79, **116–17**
 domain names 76, **114–15**, 140
 finding employees 123
 key performance indicators (KPIs) 154
 live chats 147
 mapping your site's structure **114–15**
 monitoring activity 147
 online selling **68–69**
 outsourcing design and maintenance 50, 79
 planning **114–15**
 pre-launch checklist 132, 133
 promoting 199
 search engine optimization (SEO) 69, 114, 116, 118, 199
 social media and your 141
 types of 115
WeChat 59
weekends 53
wellbeing 112, **172–73**
white-label platform 73
wholesalers 34
Winfrey, Oprah 103
withdrawal, stress and 173
Wix 69
Wordpress 117
work-life balance **52–53**, 195
workspaces and workplaces: code of conduct 102
 establishing healthy **172–73**
 leasing contracts 76
 setting up 44, 79, **112–13**
 staying safe in **98–99**
 where to locate **44–47**
 working from home 44, 46, 52
Yahoo 69
YouTube 140
Zomato 194
Zoom 142

致谢

Dorling Kindersley would like to thank Fiona Plowman for proofreading; Vanessa Bird for the index; and Emma Kennett, James McAllister, Sally Newall, and Helen Poultney for technical content consultancy; DTP Designer, Rakesh Kumar; Jackets Editorial Coordinator, Priyanka Sharma; and Managing Jackets Editor, Saloni Singh.

Credits

p. 61 Developing your brand, *The Strategic Brand Management*, Jean-Noël Kapferer 1996; **pp.64–65 Marketing mix and 4Ps**, *Basic Marketing: A Managerial Approach*, E. Jerome McCarthy, 1960; 4Cs, "New Marketing Litany: 4Ps Passé C-Words Take Over", B. Lauternborn, 1990; **pp66–67 Sales funnel**, *Financial Advertising*, Elias St Elmo Lewis, 1907; **p.155 SWOT analysis**, *Business Policy, Text and Cases*, Edmund P. Learned, C. Roland Christiansen, Kenneth Andrews, and William D. Guth, 1969; **pp.174–175 TKI conflict model**, Thomas-Kilmann Instrument Conflict Model, Ken Thomas and Ralph Kilmann, 1974, **pp.166–167 SMART goals**, "There's a S.M.A.R.T. Way to Write Management's Goals and Objectives", George T. Doran, 1981; **pp.182–183 The Sand cone model**, "Lasting Improvements in Manufacturing Performance: In Search of a New Theory", Ferdows, K. & De Meyer, A, 1990; **pp.194–195 The Ansoff Matrix, Strategies for Diversification**, Igor Ansoff, 1957

Disclaimer